Марина Шарова

Гомеопатия для всех

Марина Шарова

Гомеопатия для всех

Заметки врача-гомеопата

Bloggingbooks

Impressum / Выходные данные
Bibliografische Information der Deutschen Nationalbibliothek: Die Deutsche Nationalbibliothek verzeichnet diese Publikation in der Deutschen Nationalbibliografie; detaillierte bibliografische Daten sind im Internet über http://dnb.d-nb.de abrufbar.
Alle in diesem Buch genannten Marken und Produktnamen unterliegen warenzeichen-, marken- oder patentrechtlichem Schutz bzw. sind Warenzeichen oder eingetragene Warenzeichen der jeweiligen Inhaber. Die Wiedergabe von Marken, Produktnamen, Gebrauchsnamen, Handelsnamen, Warenbezeichnungen u.s.w. in diesem Werk berechtigt auch ohne besondere Kennzeichnung nicht zu der Annahme, dass solche Namen im Sinne der Warenzeichen- und Markenschutzgesetzgebung als frei zu betrachten wären und daher von jedermann benutzt werden dürften.

Библиографическая информация, изданная Немецкой Национальной Библиотекой. Немецкая Национальная Библиотека включает данную публикацию в Немецкий Книжный Каталог; с подробными библиографическими данными можно ознакомиться в Интернете по адресу http://dnb.d-nb.de.
Любые названия марок и брендов, упомянутые в этой книге, принадлежат торговой марке, бренду или запатентованы и являются брендами соответствующих правообладателей. Использование названий брендов, названий товаров, торговых марок, описаний товаров, общих имён, и т.д. даже без точного упоминания в этой работе не является основанием того, что данные названия можно считать незарегистрированными под каким-либо брендом и не защищены законом о брендах и их можно использовать всем без ограничений.

Coverbild / Изображение на обложке предоставлено: www.ingimage.com

Verlag / Издатель:
Bloggingbooks
ist ein Imprint der / является торговой маркой
OmniScriptum GmbH & Co. KG
Heinrich-Böcking-Str. 6-8, 66121 Saarbrücken, Deutschland / Германия
Email / электронная почта: info@bloggingbooks.de

Herstellung: siehe letzte Seite /
Напечатано: см. последнюю страницу
ISBN: 978-3-8417-7190-2

Copyright / АВТОРСКОЕ ПРАВО © 2013 OmniScriptum GmbH & Co. KG
Alle Rechte vorbehalten. / Все права защищены. Saarbrücken 2013

Содержание

- Содержание 1
- Введение 3
- Гомеопатия для всех 5
- О вреде приёма гормональных препаратов, антибиотиков, НПВП и других «чудес фарминдустрии» 6
- Что ожидать на приеме у гомеопата и от гомеопатического лечения? 9
- Гомеопатия и острые случаи. ОКИ и гомеопатия. 11
- Очное или заочное лечение? Так что же выбрать? 14
  - Заочное лечение 14
  - Очное лечение 15
- Симптоматическое лечение гомеопатией 16
- Гомеопатия, или разве можно так долго врать? 32
- Как хранить и принимать ГЛС(гомеопатическое лекарственное средство) 87
- Головная боль и кофемания 88
- Как правильно болеть? Или так ли страшно ОРЗ? 89

Введение

Еще будучи маленькой девочкой, я уже знала, что хочу помогать людям и думала, что именно будучи врачом смогу достигнуть цели.

Уже вступая в ВУЗ осознано не пошла на педиатрический факультет, т.к. понятия о медицинских манипуляциях и методах лечении традиционной медицины никак не вписывались в мои понятия о помощи маленьким крохам.

Обучение в Национальном Медицинском Университете им. А.А. Богомольца захватило и дало свои стереотипы мышления, мысли о необходимой жестокости традиционной медицины отошли на второй план.

Окончив в 2003г Национальный Медицинский Университет им. А.А. Богомольца получив госраспределение работала врачом-бактериологом в СЕС г. Киева.

Но ничто не сможет остановить мечту...

Уже, будучи женой, мамой и заведующей вирусологической лабораторией СЕС на ПЗЗ вынужденно пошла с дочерью по коллегам врачам-аллопатам, что заставило вспомнить о прежних мыслях, поиску альтернативного пути. Это и привело меня в удивительный мир Гомеопатии, многоликий и бескрайний.

И хоть первое тесное знакомство с гомеопатией (первый гомеопат дочери) было не удачным, это не остановило меня. Я нашла другого гомеопата... Теперь мы с ней не только коллеги, но и хорошие друзья. Она стала моим проводником в этот удивительный мир, существенно сэкономив мое время, подсказывая стоящие источники знаний, помогла избежать многих ошибок.

В 2011г. прошла курсы первичной специализации по гомеопатии в гомеопатическом центре им. Д. Попова, что на ул. Рогнединской. Центру и его преподавателям – отдельная благодарность, т.к. их отношение, дискуссии, возможность участвовать в приемах пациентов неоценима!

Параллельно начала практику врача-гомеопата, консультировать на общемедицинских и гомеопатических форумах (http://www.homeorealhelp.ru, www.likar.info, интернет-портал «Здоровье Украины», Евролаб), принимать пациентов заочно и очно.

С 2012 - врач-гомеопат в медицинском центре «Меднайс».

Гомеопатия для всех

Этот блог для всех-всех-всех. Тех, кто что-то слышал о гомеопатии, и тех, кто ничего не слышал о ней, для тех, кто успешно лечится ею, и тех, кто совершенно не имеет понятия что это, и даже для тех, кто очень скептически относится к гомеопатии.

Для тех, кто меня не знает, скажу сразу я - врач-гомеопат. Естественно, что моя точка зрения, вероятно, становиться сразу понятной.

К созданию этого блога я пришла в результате длительных, регулярных и не всегда успешных дискуссий о гомеопатии.

Гомеопатия - это чудо, дающее всем людям шанс на лучшую жизнь, шанс быть излеченным, шанс по-новому взглянуть на жизнь.

Увы, многие даже попробовав "лечиться " гомеопатией решили, что она не эффективна, или эффективна не в острых случаях, или еще что-то подобное. Все знают, как сложно найти хорошего врача-гинеколога/ЛОРа/офтальмолога и т.д., но из-за этого почему-то не теряют надежды и продолжают поиски своего врача. Так почему же не подойдя осознанно к выбору своего врача-гомеопата или не осознав, что придется трудиться вместе с врачом, Вы решаете, что гомеопатия не эффективна?!

Такое ошибочное мнение благополучно поддерживают и фармфирмы, ведь их "чудесные" препараты с экранов мониторов обещают быстро забыть о боли, решить волшебным образом ваши проблемы стоят ой как не дешево....

Конечно, гораздо проще пойти в аптеку и купить анальгин, если у вас болит голова. Но если она у вас болит регулярно, анальгин, панадол, эфералган и другие НПВП Вам не помогают, Вы прошли массу врачей и исследований, ощутили на себе все побочные действия всех принятых препаратов и пришли к мысли, что вероятно Вам уже никто не поможет, только тут Вы начинаете искать альтернативные пути лечения и приходите к гомеопату!

Этот блог создается с целью, что возможно хоть кто-то сделает наоборот, с целью информировать Вас о том что ВСЕГДА есть альтернатива, с надеждой что Вы откроете для себя настоящую, КЛАССИЧЕСКУЮ ГОМЕОПАТИЮ и уже НИКОГДА не вернетесь к аллопатам (традиционные врачи).

Всегда Ваша, Марина Шарова

О вреде приёма гормональных препаратов, антибиотиков, НПВП и других «чудес фарминдустрии»
Думаю, ни для кого не секрет, что у каждого фармпрепарата есть побочные действия, осложнения, что обычно честно указанно фармфирмами в инструкции к каждому препарату.

Однако, не все пациенты внимательно их изучают, полностью доверив свое здоровье лечащему доктору.

 Если прием препаратов был кратковременным, то получив «незначительные» осложнения, пациент, быстро подлечившись еще у парочки смежных специалистов, приходит в норму и продолжает обычную жизнь.

Если же прием препаратов вынужденно длителен или по ряду причин регулярно повторяется, пациенты находят у себя все большее и большее количество проблем, обращаются к большему и большему количеству специалистов. Лишь не многие из них, устав от походов по кругу и осознав, что принимает все большее и большее количество лекарств начинают искать альтернативу.

И даже те, кто читает инструкцию подробно, не всегда понимают, что в инструкции указаны лишь ДОКАЗАННЫЕ и ВЫЯВЛЕННЫЕ в ходе ,увы, не очень уж и длительных клинических исследований, оплаченных той же фармфирмой-производителем осложнения.

История пестрит «милыми случайными» ошибками фарминдустрии.

Как, например, эра начала использования гормональных препаратов, когда в 1950 г. Кендаллом и др был синтезирован кортизол (гидрокортизон). Хенч, Кендалл и Райхштейн провели его подробное исследование и клинические испытания, за что были удостоены Нобелевской премии. Казалось что они «помогают» практически при всех заболеваниях и стали массово использоваться в лечении всего. Жаль, что впоследствии, оказалось, что они оказывают серьёзные побочное влияние на эндокринную систему, пищеварительную систему, на обмен веществ, сердечнососудистую систему, систему свёртывания крови, орган зрения, центральную нервную систему, вызывают серьёзные психические расстройства, иммунодепрессивное действие. И даже при наружном применении оказывает все системные влияния и еще и местное, вплоть до атрофии кожи. Теперь, конечно, используемые дозы гормонов существенно снижены, в инструкции указано большинство их побочных действий, и Вы почти знаете, что Вас ожидает. Вопрос в том, легче ли Вам от этого?

Но вот уже во многих препаратах, особенно для наружного применения, каплях, указано, что дозы минимальны, вреда не причиняют, системного влияния не оказывают....

Или печальный опыт появления «Эновида», когда эти многострадальные первые противозачаточный гормональный препараты, правдами и не правдами таки зарегистрировали и разрешили к использованию. Однако, опять таки, кроме множества побочных действия оказались ДОКАЗАННЫМИ смертельные случаи после их применения. Казалось бы, сейчас уже новые технологии позволяют делать препараты с минимальными дозами гормонов, минимизировать их побочные действия, но в 2001г новый скандал – оказалось, что пилюли 3-го поколения вызвали тромбозы в 2 раза чаще, чем пилюли 2-го поколения!

А печально известный Талидомид- препарат обладающий множеством действий, в том числе и мягким снотворным и успокаивающим действием. И в августе 1958 года от компании Grünenthal поступило письмо, в котором отмечалось, что «талидомид — лучшее лекарство для беременных и кормящих матерей», устраняющее тошноту и беспокойство у них. И его продажи сравнялись с продажами аспирина! На территории тогда еще СССР, данным «супер» препаратом смогли воспользоваться лишь жены приближенных. Итог – лишь через 3 года начали бить тревогу и смогли доказать выраженный тератогенный эффект (дети, рождённые этими матерями родились с выраженными уродствами!)

И таких примеров масса.

С экранов мониторов рассказывают, как легко избавиться от проблемной кожи, забывая упомянуть, что их крема содержат антибиотики и гормоны; как легко забыть о боли, выпив обезболивающее; как легко устранить изжогу, наевшись всякой гадости, выпив «волшебный» препарат. Однако, это подавление симптомов, сигналов организма о помощи, загоняет проблему вглубь. Никто не задумывается, почему у ребёнка, которому в детстве замазали высыпания, теперь аллергия или бронхиальная астма. Это ведь уже не к дерматологу, а к аллергологу, пульмонологу. Ах, вы бесплодны, так медицина идёт вперёд, есть экстракорпоральное оплодотворение. А, у Вас проблемы с желудком, так это уже не к нам, это уже к гастроэнтерологу. Ах, у вас проблемы с суставами, так это к хирургу/ревматологу/гинекологу. И так хождение по кругу специалистов, каждый из которых назначает свой набор препаратов «от головы, печени, сердца, боли в суставах и т.д.»

А ведь, организм человека – это единое целое, уникальная система, созданная Богом, и здесь ничего не бывает без причины. И лечить нужно организм, а точнее помочь организму вылечиться самому. Именно этим и занимается ГОМЕОПАТИЯ. Правильно подобранный препарат активизирует Вашу жизненную силу, и он выздоравливаете сам.

Я не буду никого убеждать в том, что нужно срочно бежать к гомеопату. Для этого нужно «созреть». Просто призываю Вас ДУМАТЬ, прежде чем выпить препарат, прежде чем намазать лицо чудо-кремом, прежде чем принимать даже назначенное врачом лечение. Взвесить все «за» и «против», с осторожностью относиться к любым новинкам фарминдустрии, особенно, когда вы беременны или лечите своих детей.

Помните, только Вы в ответе за своё здоровье, и здоровье своих детей, и детей своих детей.

Всегда Ваша, Марина Шарова

Что ожидать на приеме у гомеопата и от гомеопатического лечения?

Наконец-то смогла выкроить время и для своего блога, т.е. собственно для Вас.)

Слишком часто в моей практике встречаются люди, которые думают, что придя к гомеопату, а то и написав ему е-мейл, с названием своего заболевания получат «волшебную горошину» и все пройдёт. И когда их ожидания не оправдываются, как то унывают и снова идут по кругу к врачам коллегам-аллопатам. Именно это и побудило меня к написанию этой статьи.

Так вот так не бывает. Гомеопаты – не волшебники, они тоже люди, и тоже врачи, просто немного другие… Для нас диагноз нужен только для того, чтобы зная патофизиологию данного заболевания можно было спрогнозировать течение заболевания, ожидаемые его обострения или наоборот затухания и т.п. Собственно и результаты анализов многие гомеопаты также не рассматривают. Правда, я отношусь к тем гомеопатам, которые не только смотрят результаты анализов, но и настоятельно требую от своих пациентов осмотр у профильного специалиста и результаты анализов. Т.к. лично меня интересует не только субъективная Ваша оценка вашего состояния, что естественно для любого гомеопата первостепенно, но и ОБЪЕКТИВНАЯ оценка динамики Вашего состояния.

Скажем, если Вы привели ребёнка с аденоидами, то я обязательно буду требовать регулярный осмотр у ОДНОГО ЛОРа, или если вы пришли ко мне с фиброаденомой, то избежать регулярного посещения Вашего гинеколога Вам не удастся, и не надейтесь!

Придя на прием к гомеопату-классику, Вы должны заранее выкроить времени побольше, т.к. прием займет минимум час, а то и три часа времени. Доктор проводит полный опрос пациента и подбирает препарат на основе данных опроса и личных наблюдений, а не по результатам анализов или данным некоего прибора. Врач назначает вам на прием только один действующий препарат, а не 2-3 в разные дни недели, утром, и вечером, и не гомеопатизированный комплексон (препарат, содержащий в себе больше одного гомеопатического средства, например – «антигриппин», «Иов-малыш» и т.п.). Врач рассказывает о диете, антидотах и возможности гомеопатического обострения, а также о том что прием любых другие препаратов, наружных средств должен быть отменен или, как минимум, согласован с ним. Врач не назначает еще дополнительно БАДы, витамины и т.д. и не рассказывает о современной гомеопатии. Т.к. гомеопатия одна!

И главное, врач внимательно отслеживает динамику процесса излечения, не вмешиваясь без крайней необходимости! Всегда оговаривайте с врачом как он будет отслеживать динамику, как часто и каким способом Вы с ним связываетесь, даете отчеты , как связываться и что предпринимать в острых случаях. Если врач не доступен при острых ситуациях или отправляет Вас их залечивать к врачу-аллопату, задумайтесь, возможно, есть смысл сменить врача.

Итак, Вы побывали на очном приеме, вам назначили препарат, рассказали, что, как и когда принимать. Так что же теперь?

ЖДАТЬ! ЖДАТЬ и еще раз ЖДАТЬ! Теперь Вы должны внимательно наблюдать за собой, естественно, соблюдая рекомендации врача для исключения антидотирования ГЛС (гомеопатического лекарственного средства).

Первичное действие ГЛС бывает различно и зависит от чувствительности пациента и того насколько подобно выбран препарат. Некоторые пациенты чувствительны уже в первые секунды (!) после приема ГЛС , у большинства же пациентов первые изменения начинаются уже в течении первых двух недель-месяца после приема ГЛС. Далее, только в зависимости от Вашей чувствительности, врач откорректирует дальнейший прием, потенцию, частоту прием ГЛС, при необходимости. В начале гомеопатического лечения возможно возникновения обострения, и даже в хронологической последовательности, начнётся возврат давно забытых «болячек», даже детские высыпания замазанные гормональными кремами, вылезут вновь, но это все ПОЛОЖИТЕЛЬНАЯ ДИНАМИКА лечения. Так что Вам придется быть терпеливыми к подобным проявлениям, ведь вскоре наступит тот миг, когда вы поймете что у Вас «ВСЕ ПРОШЛО САМО»! Поздравляю! Вы прошли все этапы гомеопатического лечения и теперь, будете связываться со своим врачом только при возникновении острых ситуаций и, периодически, если конечно возникнут еще рецидивы. Но в любом случае, они будут гораздо реже, короче и проходить легче, чем раньше. А возможно, что НИКОГДА больше и не повторяться.

Гомеопатия и острые случаи. ОКИ и гомеопатия.

Как и обещала, продолжаю делиться с Вами опытом лечения гомеопатией. Сегодня речь пойдёт о лечении в острых случаях. Мнение, что гомеопатией можно лечиться лишь в хронических случаях – ОШИБОЧНО. В острых случаях, лечение ГЛС не только эффективно, но и зачастую более быстродействующее, чем аллопатия (традиционные фармацевтические препараты)!

Итак, пациент – мальчик 7 лет. Жалобы на понос, рвоту, тошноту, головную боль . Через 3 часа после описания было назначено лечение.

Описание получено еще через час с небольшим. Сразу же после дачи ГЛС состояние ребёнка улучшилось, появился аппетит, собственно и жалоб уже не было. Собственно и все – очень короткая история.)

Вот описание случая полностью:

Чт Фев 02, 2012 11:51 am

Заголовок сообщения: Помогите, пожалуйста, мальчику 7 лет

Здравствуйте, помогите, пожалуйста.
1. Общее представление о больном: мальчик, 7лет 6 мес., стройный, волосы светло-русые, светлая кожа и глаза.
2. Жалобы при обращении: Рвота , понос, головная боль, не ест
3. Когда и с чего началось заболевание В 6.00утра проснулся с ощущением тошноты и духоты, был очень бледный, попросил поменять воздух. В 8.00 началась рвота и понос одновременно, в 9.00 привкус яиц во рту – дала смекту (выпил разом 150мл)
4. Что могло послужить причиной - из-за мороза меньше проветриваем и последнее время не хотел ходить в школу
5. Внешний вид пациента при данной болезни: Вялый, бледный
6. Поведение: лежит на теплом полу или на диване, очень жалуется на голову, хочет чтобы мама была рядом и развлекала(читала), не хочет говорить, а хочет только слушать, от маленького брата отмахивается, просит не включать свет и не дергать его, постоянно говорит, что очень хочет поправиться
7. Зябкий или жаркий - говорит, что голове жарко, остальному телу нормально, но при этом либо прижимается к теплому полу, либо сворачивается калачиком на диване
8. Есть ли повышенная температура? - нет
9. Температура головы, тела, рук и ног на ощупь: все тело обычной температуры, ноги -холодные
10. От чего больному хуже или лучше: хуже- когда надо думать перед тем как

что-то сказать, от этого, как он говорит, болит голова. Лучше- когда лежит и ему уделяют внимание. Когда вырвет тоже легче

11. Жажда: не пьет, не считая смекты, которую выпил разом т.к. очень хочет поправиться

12. Аппетит, желания и отвращение в пище при данном заболевании? не ест , потому, что очень боится, что опять вырвет

13. Какой язык – язык с небольшим белым налетом

14. Есть ли тошнота или рвота, понос, потливость и другие выделения один раз в 8.00 одновременно понос и рвота и один раз рвота в 11.30

15. Не находится ли пациент сейчас на гомеопатическом лечении? Нет

Отвечает гомеопат-консультант Шарова Марина Сергеевна: дайте 1ч.л раствора ипекакуаны,30 3 горошины и отпишитесь по динамике подробно, а то у Вас очень мало данных в опроснике (как и где болит голова, боли в животе? потливость? вид рвотных масс, стула, были ли погрешности в еде и т.д.)

Через час с небольшим получен ответ от мамы пациента :

Да, извините, не расписала про выделения. Потливости не было, понос без слизи и пены коричневого цвета жидкой консистенции; рвота 1 раз вода с кусочками не переваренной пищи, 2-ой раз просто вода. Болей в животе не было. Голова болела в лобной части. Дома погрешностей в еде не было, может в школе (последний прием пищи в школе был вчера в 13.00)
Дала ипекуану, улучшения произошли почти сразу. Появился аппетит, малыш еле дождался когда можно будет поесть и попить (поел правда не много). Повеселел и стал активнее, никаких выделений больше не было. Голова болела в лобной части, сейчас только отголоски. Наблюдаю дальше.
Спасибо ОГРОМНОЕ!!!

Вот так, онлайн, без назначения списка фармпрепаратов и антибиотиков в том числе, был разрешен случай ОКИ.

Буду и дальше делиться с Вами своими историями лечения гомеопатией. Острые случаи будут часто взяты с гомеопатического форума (http://www.homeorealhelp.ru), где я - один из консультантов. На этом форуме можно получить бесплатную консультацию врачей-гомеопатов.

Очное или заочное лечение? Так что же выбрать?

Итак, я расскажу вам подробнее о заочном и очном лечении. Прежде чем выбрать любой вид лечения, пациент должен знать их преимущества и недостатки.

Заочное лечение
Частенько бывает, что больные люди не находят помощи у врачей, работающих поблизости. Необходимость получить квалифицированную помощь или попасть на приём к нужному специалисту вынуждала людей отправляться за тридевять земель. Но не каждый мог позволить себе это. Кроме того, есть ситуации, когда пациент не в силах попасть на очный прием, пока его состояние не будет приведено в «рабочее». Интернет изменил возможности заочного лечения. Теперь можно получить квалифицированную помощь людям, которые ранее не имели этой возможности. Благодаря интернету можно не только делать назначение, но и систематично контролировать ход лечения. Т.к. пациента врач не видит, поэтому врачу придётся довериться Вам в описании Вашего состояния и, на его основании, делать назначение. Лично я, рекомендую своим пациентам еще и динамический контроль у узкого специалиста в той области, где ваша основная проблема. Дабы динамику можно было отслеживать не только субъективно, но и объективно.
 С другой стороны, при заочном лечении, пациент и врач не ограничены временем приема. Пациент может вдумчиво описать свое состояние, вспомнить все детали. Врач может не спеша проанализировать

информацию, снова задать вопросы и так до тех пор, пока случай не станет полностью ясным.

При заочном лечении Вам не нужно предварительно записываться к врачу, выкраивать время для консультации. Вы можете написать письмо в любое удобное для Вас время и получить ответ через 1-3 суток, в зависимости от занятости врача.

Обычно, сначала Вы описываете детально все что вас (или ребенка) беспокоит. Если врач берётся курировать Ваш случай заочно, тогда врач обычно предлагает заполнить опросник и оплатить его услуги. Я пользуюсь обычно вот этим опросником:

http://specialist.homeopatica.ru/obraz_bolezni_k_fon_benninghauzena.shtml

После получения опросника далее мы общаемся регулярно по почте, и при необходимости, в скайпе. Первый отчет жду через 2 -4 недели после начала лечения, далее в зависимости от ситуации регулярно списываемся и корректируем ход лечения.

При возникновении острой ситуации (ОРЗ, ОКИ, др.) заполняем опросники на острые состояния и пишете мне смс с Ф.И.О. и кратким описанием ситуации, чтобы я посмотрела почту оперативнее.

Очное лечение

Предусматривает предварительную запись по телефону, приезд в **назначенное Вам время**. У некоторых врачей-гомеопатов не так просто записаться на прием, так что возможно очного приема придётся ожидать и месяц, и два! На приеме врач сможет расспросить Вас детально, при необходимости осмотреть, посмотреть результаты Ваших исследований и анализов, если таковые имеются. Очный прием может длиться от часа до 3-х часов. Далее врач все равно должен отслеживать динамику лечения удобным ему и Вам способом – посредством электронных писем, повторных очных приемов, телефона. Кроме того, врач должен вести Вас и при возникновении острых ситуаций. Ведь в процессе гомеопатического лечения возможно возникновения обострения, которое ни в коем-случае, нельзя подавлять! Ну и кроме того, ведь цель гомеопатии не только вылечить пациента, но постараться заставить его навсегда забыть про аллопатию (традиционную медицину).

Всегда Ваша, Марина Шарова

Симптоматическое лечение гомеопатией

В продолжение демонстрирования возможностей гомеопатии хочу представить Вашему вниманию еще два случая. Оба случая довольно сложные, на фоне хронических патологий и, по-хорошему, требующие очного лечения. Однако, с помощью гомеопатии можно облегчить состояние, привести пациента в состояние, когда он сможет прийти на очный прием, улучшить качество его жизни.

Первый случай, женщина, 43 года. Обратилась на форум с маточным кровотечением, которое длилось уже 13 дней. Данные кровотечения у нее повторялись уже несколько лет, с диагнозом «Гиперплазия эндометрия, полип, миозматозный узел» и каждый раз все заканчивалось стационаром и чисткой. Лечение, предложенное гинекологами в данном случае традиционно – чистка и дальнейший прием гормональный препаратов… Характер выделений менялся, но выделения были достаточно интенсивные и длительные. На фоне чего развилась анемия с соответствующей клинической картиной.

Лечение случая в формате форума оказалось не лёгким, тем более что наша задача была локально ограничена - избежать стационара и остановить кровотечение, пришлось сменить ряд препаратов, уточнять множество нюансов уже в ЛС. Но все же через неделю нам это удалось. Кровотечение было остановлено и пациентка будет продолжать далее лечение очно (заочно) у своего гомеопата.

Теперь случай полностью:

Сб Ноя 24, 2012 1:05 pm

Заголовок сообщения: Помогите остановить маточное кровотечение.

Пациентка: Очень прошу помочь, 2 месяца назад была в больнице с такой же проблемой, делали чистку, очень не хочется опять попасть в больницу. Это попробовала всё вписать в опросник.

1. Женщина 43 года, вес 76 -77 кг, рост 168 см, волосы русые, кожа светлая, грудь маленькая, бёдра широкие.
2. Маточное кровотечение началось как месячные 7 ноября первую неделю скудные выделения в размере одного пятна за день, ночью могло быть совсем чисто. С 14 ноября усилились, первый эпизод очень сильный с моментальным промокание как прокладки так и одежды, затем несколько эпизодов усиления при выхождении сгустков.
3. 2009 год (на фоне общей усталости никак не могла закончить кормить ребёнка , ребёнку было уже 2 года8 месяцев.) случился сбой менструального цикла ,начались выделения раньше месячных, на узи показало гиперплазию, затем выделения перешли в месячные, которые не заканчивались, попала в больницу сделали чистку (диагноз-гиперплазия эндометрия и полип). Второй такое же кровотечение случилось в 2011 году, произошло тоже на фоне общей усталости и стресса, как раз перед защитой магистерской работы.
4. 19 сентября 2012 года опять попала в больницу с кровотечением после месячных, которые не заканчивались с 6 сентября. Предшествовала этому болезнь ребёнка в течении месяца коклюшем, болел тяжело. После чистки не было месячных до 7 ноября.
5. Бледная, но я всегда такая , хотя в данный момент после сна, даже немного румяные щеки.
6. Устала от этой ситуации, невозможности вести нормальный образ жизни, больше отдыхаю, с утра чувствую себя хуже (настроение, общее состояние)

вечером лучше, лучше когда одна, чем когда все дома. Хотела бы выйти погулять, но в данной ситуации боюсь выходить из дома. Хотелось бы принять горячий душ, так как все эти дни, если мылась то в тёплой воде, по понятным причинам, а обычно не мыслю себя без горячего душа вечером. Но в принципе, что меня удивляет на данный момент, состояние с утра вполне нормальное, голова не болит, немного тянет низ живота, но такое чувство появлялось периодически в течении этого времени. Общее состояние достаточно спокойное, а обычно даже более нервная.

7. На данный момент и руки и ноги тёплые, одета только в халат махровый, что то теплее пока одевать не хочется, вчера днём руки и ноги немного мёрзли.

8. Повышенной температуры нет.

9. Руки, ноги и голова тёплые.

10. Однозначно лучше в тишине, когда не беспокоят, старалась больше лежать и меньше выходить из дома, но на кровотечение не сильно влияло, позавчера довольно долго была не дома, не повлияло на усиление кровотечения, чувствовала себя не плохо.

11. Пью больше чем обычно, но скорее не потому, что жажда, а понимаю, что надо, соки чай с ягодами (калина, черника), несколько раз хотелось апельсинового сока.

12. В общем –то особых предпочтений нет, стараюсь есть больше фруктов, овощей.

13. Язык влажный, налёта нет, розовый, губы не сухие.

14. Может чуть больше слюней.

15. 14 ноября пришла к гомеопату, выписала Сабину 30(4 раза в день, затем чаще через 2-3 часа) принимала 15, 16, 17(до вечера) ноября кровотечение не было очень сильным, но и не было особых изменений, связалась с гомеопатом, поменяла на Арнику 30 , 17, 18, 19 пила арнику, днём выделения были совсем немного, но после ночи 18 ноября, очень сильные, со сгустками, 19 днём не сильные к вечеру усилились, ночью тоже сильнее. 20 ноября гомеопат поменяла Сабину на Белладонну 30 пила до 21 ноября никаких изменений не

было, чувствовала себя хуже. Болела голова в районе затылка и лба. 21, 22, 23 (до вечера) принимала Эригерон 30. 22 ноября после нескольких приёмов эригерона общее самочувствие было лучше, не болела голова, выделения были не сильными, появилось неприятное чувство в районе мочевого пузыря, не то что бы боль, но как бы раздражение. 23 ноября выделения опять увеличились неприятные ощущения в районе мочевого пузыря прошли. Вечером гомеопат сказала поменять на секале, 30 начала принимать секале.

На данный момент приняла Секале 30 вчера в 17.30, 20.00, 22.00, 00.00 и сегодня в 8.00 изменений пока не вижу . Общее состояние- вечером опять немного болела голова в районе затылка и лба, неприятные тянущие боли в руках, незначительные, появлялись и до этого, аппетит нормальный, давление позавчера было нормальное (120-80). Перед началом месячных сдавала кровь гемоглобин -108, гематокрит -33, среднее число эритроц.-76, средн. конц. гемогл. -25. Кровотечение –кровь ярко красное, как вытекает почти не чувствую, сейчас вышел сгусток, а так жидкая.

Ещё к диагнозу помимо гиперплазии и полипа, небольшой миоматозный узел, как я поняла с наружной стороны матки, матка -загиб назад, после второй чистки по поводу кровотечения, есть опущение.

    Сб Ноя 24, 2012 3:05 pm

    Отвечает гомеопат-консультант Шарова Марина Сергеевна (далее консультант):

    Во-первых, ситуация хроническая и ее нужно бы разбирать на очном приеме.

    Во-вторых, нужно со своим гомеопатом все же прояснить ситуацию. Далее, я бы - антидотировала прием всех ГЛС и посмотрела на картину без влияния кучи ГЛС.
И описание жалоб подробнее.
Кровотечение вид, запах, количество, от чего усиливается/уменьшается/

день/ночь/лежа/тепло/холод и и т. д.. Общее состояние подробнее, свои ощущения, активность, что беспокоит еще СЕЙЧАС.

Пациентка: Я понимаю, что хроническая, но на данный момент волнует остановка кровотечения, чтобы избежать больницы. Я как раз всё время была на связи с гомеопатом, к которому обратилась в начале кровотечени, но так как пока не добилась результата, то дёргаюсь, не насморк всё же, а тут ещё выходные. А чем антидоровать, крепкий чай, мятный чай?

Кровотечение в последние сутки больше жидкое, периодически с тёмными сгустками, кровь яркая, сейчас приблизительно одинаково и днём и ночью, когда принимала арнику днём было немного, ночью больше, всё время достаточно вялое, то есть чувствую только по промоканию подкладки, это характерно для 2 последних месячных, чувство тепла в промежности, правда не уверена, что это не дискомфорт от столь долгого использования прокладок. Количество- с утра половина большой прокладки. Запаха нет, как обычно при месячных. Сегодня и руки и ноги тёплые, не мёрзну, одета как обычно дома. Хочется покоя и полежать, но нормально чествовала себя и на кухне, приготовила ребёнку еду. Тянущие боли в низу живота и поясницы, не сильны, как бывает при начале месячных, ещё есть не большое тянущее чувство в руках и ногах.

Консультант: Антидотируйте бальзамом "Звездочка", мятный чай. Что найдете. Потом отпишитесь по динамике, что изменилось.

Консультант: Сегодня уже вряд ли смогу глянуть, поэтому растворите ипекакуана,30 в 200мл воды встряхните 7 раз и примите глоток раствора. Повторите еще прием дважды, предварительно встряхивая раствор. Отпишитесь по динамике с выделением изменений

Пациентка: Спасибо попробую, звёздочки наверно нет попробую мятным чаем.

Пациентка: Доброе утро. Ипекакуаны дома не оказалась, достала только после 10 вечера, когда приехала приятельница. Выпила мятного чаю, затем растворила 4 горошины (не спросила вчера сколько 😊) ипекакуаны 30 пару один или два глотка перед сном, затем проснулась под утро выделения были ярко красные не очень много, допила и опять легла спать утром выделения в размере пятна, сейчас тоже ярко красные, жидкие, только что вышел сгусток не тёмный скорее красный при его отхождении, как обычно в таких случаях, количество крови увеличилось, кровь совершенно жидкая и алая как из пальца при порезе .Больше пока ничего не принимала. Общее состояние так же как вчера, небольшие тянущие боли внизу живота.

Единственно, забыла сказать, что то что принимала перед сном утром в 4 часа вылила так как видно что-то было в баночке, так как почувствовала привкус застоявшейся воды , так что не знаю можно ли вечерний считать. В 4 утра и сейчас допила уже свежую порцию.

Консультант: Уточните .изменились ли выделения после приема ГЛС? Как? И что значит допила? Я писала по глотку трижды. И сколько прошло времени после мятного чая и приема ГЛС?

Пациентка: Сейчас ярко красная кровь, кажется более яркой чем вчера, жидкая, усилилась после отхождения сгустка, сейчас подтекание так же как и раньше почти не чувствую, смотрю только при заходе в туалет.
После чая прошло около часа. Выпила глоток пред сном, в 4 утра глоток растворённого заново(так как уже писала почувствовала в воде какой-то плесневелый привкус, хотя банку мыла и вода бутилированная, но видно в банке что-то стояло раньше, первый раз глотнула, сразу не поняла, поэтому и решила, что скорее всего вечерняя порция не была нормальной) и утром пару глотков 😊

Пока всё так же кровь яркая на уровне небольшого подтекания, сходила в туалет, вышел небольшой нитевидный сгусток, лучше чувствую себя лёжа, такие же небольшое тянущее чувство в руках.

Укладывала ребёнка на дневной сон, поспала вместе с ним, в кровотечении за это время изменений не заметила, после сна пятно на 1/5 большой прокладки. Пообедала нормально, аппетит как обычно, сейчас просто чувство усталости и желание полежать, ноги холодные, лицо бледное, язык розовый, все остальные симптомы так же, больше ничего с утра не принимала.

Консультант: Растворите 3гор миллефолиум, 30 в 200мл воды. Встряхнуть 10раз и принимать по глотку с интервалом в 30мин трижды, предварительно встряхивая раствор. И все же подумайте об обращению к гинекологу, т.к ситуацию нужно контролировать очно!!!

Пациентка: Всё время просматривала, а ваш ответ пропустила ☹. Но к сожалению
миллефолиума у меня нет, достать смогу только завтра, если ещё актуально, с обеда картина приблизительно та же, выделений было не много, вроде не такие яркие, когда ходила в туалет были опять более яркие. Так как гинеколог аллопат, то совет будет- больница и чистка, конечно, если скрутит, то придётся, но надеюсь, всё-таки остановить кровотечение гомеопатией. Спасибо за ответ, жаль, что не увидела сразу.

Консультант: Если завтра не измениться общее самочувствие, характер выделений, то будет актуален назначенный препарат. В противном случае, пишем об изменениях.

Как успехи? Принимали ГЛС?

Пациентка: Добрый день. К сожалению, пока не приняла, утром заказали, будет готово только в 15.00 , около 16.00 смогу принять (время у нас наверно расходится, у нас сейчас 14.46). Никаких новых симптомов не появилось, кровило не сильно, но по-прежнему красной кровью, после ночи небольшие сгустки были. Общее состояние, не то чтобы слабость, а усталость, от движения особого ухудшения в выделениях нет, сегодня выезжала по делам и сдавала анализ. Такое же незначительное неприятное чувство в руках , типа тянущее, и в затылочной области, как бы напряжение, от затылка к шее и немного на лоб, не то чтобы болит голова, а как будто отлежала. С анализом конечно стало всё ещё ниже чем было до начала месячных ,сдавала 5 ноября и сегодня (эритроциты были 4. 33, сегодня- 3,63; гемоглобин – был 108,сегодня 88; гематокрит -был33, сегодня-29; среднее число эритроц.-76, сегодня 79; средн. конц. гемогл. -25/24.

Приняла 3 раза, как писали, выделения пока так же, не сильно, но ярко красные, небольшая тянущая боль, но она возникает периодически, единственно, что сейчас больше в районе поясницы, а не внизу живота, пока всё.

Консультант: ждем до завтра

Пациентка: Доброе утро. Картина с кровью та же 😊, кровит ярко красной кровью немного , после ночи кажется немного сильнее, но у меня всё время сейчас было так, когда днём совсем немного, ночью сильнее. С утра была небольшая боль в районе копчика, отдающая к заднему проходу, (обычно тянущее чувство в низу живота), сейчас дискомфорт в районе мочевого пузыря-матки (точно определить не могу)

Консультант: давайте еще по глотку раза 3 с интервалом в 30мин. и встряхивайте по 12 раз раствор

Пациентка: Выпила 3 раза, как-то было резко усиление, несколько небольших сгустков вышли, сейчас вроде притихло немного, прилегла, наблюдаю 😊.

Консультант: Наблюдаем, ждемс..

Пациентка: Пока не очень, как то, сильнее чем было, не так остро уже как в первый момент, но всё же больше, чем до этого, все остальные симптомы такие же.

Консультант: Если через пол часика лучше не станет - антидотируйте звездочкой, мятным чаем, что найдете.
А утром заново опишите по опроснику с выделением, что имеет место сейчас и изменений.
И когда, все же на очку соберетесь? Случай то хронический...

Пациентка: Так я ж на очку и пошла перед этим, но что-то теперь думаю, что надо менять, сижу сейчас изучаю, у нас мне никого не посоветовали, а хочется попасть как можно быстрей, как раз думаю куда податься. Гляньте ЛС пожалуйста. Думала пить не пить чай, всё-таки пью мяту, хуже не стало, но лучше тоже, всё-таки чуть сильней чем было вчера, надеюсь до завтра продержаться 😊, завтра отпишусь.

Добрый день. С утра и до сих пор выделения сохраняются ярко-красные такие же как были вчера с утра, немного, в размере пятна. Общее самочувствие неплохое, даже тянущих болей почти нет, немного болит голова в затылочной области, даже не то что болит, тяжёлая, сегодня дома, лучше когда прилягу и накроюсь, хотя особо не мёрзну, разве что руки прохладные, больше никаких жалоб нет.

Консультант: Это очень коротко уж.
Общее состояние неплохое - это как? как всегда, лучше/хуже чем всегда, чем вчера-позавчера?
Жажда?
Выделений меньше стало, я правильно поняла? Кровь вытекает пассивно? Или вы чувствуете что-то? Есть чувство спазмирования матки ну или может кровь толчками выделяется или она постоянно подтекает?
Чего хочется.

Боль стала вообще меньше чем эти дни или немного меньше?

И есть возможность на УЗИ глянуть, что там происходит?

    Пациентка: Попробую подробней 😃.

Общее состояние такое же как последние дни, есть чувство усталости от всего происходящего, про жажду сказать затрудняюсь, так как пью достаточно много, соки, чай с замороженными ягодами, просто для поддержания общего баланса(всё-таки гемоглобин низкий и кровит уже порядочно), но пью с удовольствием, так что всё же можно сказать, что больше чем обычно.

По сравнению с вечерним усилением, выделений стало меньше, но сохраняются на уровне предыдущих дней, постоянное подтекание ярко красной крови, пассивное, почти не чувствую, сегодня немного чувствовала яичник с правой стороны.

Вчера чувствовала боль в районе копчика и спины, это отличалось от других дней, сегодня нет, но сильной боли не было вообще, всё время, так слегка ноющее, тянущее.

Узи пожалуй так быстро не сделаю, да и, если бы договорилась в мед. центре, где делали чистку, меня бы там стали сразу грузить, что надо делать читку, вряд ли это пошло бы мне на пользу, думаю без соответствующих манипуляций я бы от туда не вышла. Когда у меня в сентябре случилось это через полтора года, после предыдущего кровотечения, ну я и сдалась быстрей, а тут 2 месяца назад все это было, уж больно не хочется, рассматриваю это только, как экстренный случай. В общем, надеюсь, что прекратиться всё же кровотечения, а потом уже узи и всё прочее.

    Консультант: Устиляго, 30 3гор в 200мл воды. Встряхнуть 10раз и принимать по глотку с интервалом в 30мин трижды, предварительно встряхивая раствор.

    Пациентка: о поводу моей ситуации, я то как раз надеюсь, что гиперплазия то может и есть, хотя прошло всего 2 месяца, но полипа надеюсь нет, так как я специально просила доктора делать с гистероскопией, на фоне гиперплазии, было несколько полипов и всё убрали, это было 19 сентября, хочется надеяться, что они не появились так быстро. Хотя за 4 месяца до этого я делала узи, ни гиперплазии, ни полипа, тогда не было. Эндометрий -9,8, поверхность гладкая, правый яичник 25.6*18,2 мм, левый 44.0*18.4 мм (хм, только не поняла почему так различается первая цифра в правом и левом). Заключение после чистки:гиперплазия и фиброаденоматозный полип.

Да, я понимаю, что может, опять в данной ситуации закончиться чисткой, я и так всё время для себя срок отодвигаю, сначала на прошлой неделе думала, если не закончиться, пойду сдаваться, теперь на этой так же думаю, бесконечно конечно так продолжаться не может, тем более и гемоглобин совсем упал. Да и после второй чистки, я реально чувствовала, как будто у меня что-то забыли внутри и после этого сразу почувствовала, что есть опущение. Хотя наследственный фактор конечно тоже, у моей мамы было тоже самое и кровотечения и опущение затем.

Именно гормоны и спираль Мирену, мне и предлагали все 3 раза, я отказывалась.

Устиляго мне обещали передать через пол часика, попросила знакомую.

Консультант:

Вот видите, по поводу вашей ситуации произошла неразбериха, все нужно в хронологической последовательности и детально.)) Возможно, у вас и нет ничего, опять таки нужно УЗИ и профильный специалист, для контроля. После приема устиляго, отпишитесь завтра утром.

Пациентка:

Утром встала, после ночи выделения ещё были, как всегда, но чувствовала себя как-то лучше, ни живот ни спину не чувствовала вообще, жалоб действительно никаких не было, приняла устиляго, 3 раза, как вы писали, после этого на протяжении всего дня было выделений совсем немного и как-то они были уже более слизистые, а не жидкие, как вода. Где то час назад немного усилилось, вышел сгусток небольшой, и опять как бы появились жидкие, не много, но пятно на прокладке появилось с половину ладони, немного опять появилось тянущее чувство в низу живота, я аж прямо заволновалась опять .

Консультант: Теперь только наблюдаем.

Пациентка:

Вчера вечером ещё вышел довольно большой сгусток, когда вышел, в это время как обычно и кровь усилилась, но одномоментно, потом сразу опять стало совсем немного, ночью сегодня до 3 часов практически ничего не было(обычно ночью сильнее), утром (в 7.00) было небольшое пятно и ещё несколько маленьких сгусточков. Сейчас опять незначительные выделения, как вчера днём, самочувствие хорошее, чуть тянет спину.

Консультант:

Что ж будем надеяться, что все налаживается. Наблюдаем. И что там у вас с УЗИ?

Пациентка:

Вчера было совсем немного выделений, не жидкие, более слизистые, сегодня ночью почти ничего, утром маленькое пятнышко, сегодня пол дня практически тоже всё чисто, только когда в туалет хожу, немного выделений, к вечеру тоже всё так же. Периодически чувствуются яичники и немного тянет низ живота, общее самочувствие нормальное, очень надеюсь, что через пару дней будет совсем чисто. Ничего не надо пока больше принимать?

Консультант: Нет, наблюдаем

Пациентка: На сегодняшний день всё полностью прекратилось.

Большое спасибо форуму за помощь, и отдельно огромное спасибо консультанту , за помощь, оперативные ответы даже в позднее вечернее время, благодаря вашей помощи мне удалось справиться с острой ситуацией, и не попасть в больницу. На сегодняшний день, кровотечение полностью прекратилось. В ближайшее время начну лечение хронической ситуации, благодаря всему этому, я решилась и на смену гомеопата, т.к. думаю, что в некоторых ситуациях, можно сделать выбор в пользу квалифицированного заочного лечения, если в силу обстоятельств в данный момент нет возможности лечиться очно у классического гомеопата.

Второй случай, мужчина 76лет, со всеми вытекающими последствиями и сопутствующими симптомами. Его мучал сильнейший кашель, когда он даже сидя не мог спать, в течении недели становилось все хуже и хуже. Опять-таки, это случай для очного лечения и то довольно сложный учитывая возраст и наличие сопутствующей патологии. Описание скудное. Попробуйте-ка вытянуть что-то из такого дедушки! Снова пришлось сменить несколько препаратов, но уже через сутки кашель стал реже и мягче, пациент смог поспать и лежать, общее самочувствие улучшилось, что еще нужно для счастья?)

Вот случай полностью:

Вт Фев 14, 2012 3:01 pm

Заголовок сообщения: Мужчина, 76 лет, сильно кашляет

Здравствуйте!
Хотелось бы получить консультацию для моего 76-летнего папы. Только вот проблема в том, что он толком не может описать свои симптомы. Поэтому по опроснику не получается как-то. Но может быть можно будет сделать назначение и без него....
Заболел папа (76 лет, рост 170 см, вес 75 кг) примерно неделю назад. Сначала кашель у него был сухой, несильный и не часто кашлял. А вот уже 3-ий день кашель такой, что он не может спать. Особенно сегодня плохо ему было,

вообще не спал. Если 2 дня назад он ещё сидя пару часов мог поспать, то этой ночью даже сидя не мог спать - кашель просто душил его. Днём получше, но не значительно. Папа говорит, что у него аж рёбра уже болят от кашля. Жажды нету. Он провоцируется можно сказать всем (и разговором и от телодвижений, и от горячих напитков, от лежания). Сидеть хуже на мягком чем-то, на твёрдом лучше, тогда кашель меньше. Лучше, когда папа на грудь что-то тяжёлое кладёт, тогда кашель уменьшается. А ещё лучше ему было, когда он наклонился грудью вперёд и как бы грудью облокотился на спинку кресла - тогда говорит легче, а только отходит от кресла и выпрямляется, так сразу приступ кашля. Папа ещё говорит, что при кашле что-то отходиит, но при этом это сразу заглатывается обратно и не выплёвывается. Температуры у него сейчас нету.

Ещё надо сказать, что папа очень чувствителен к холоду. На него холод очень плохо влияет. Жару он легко переносит. Он может простудиться и при лёгком морозе, например при -5 градусах, даже если пройдёт до магазина и обратно. Не знаю как получилось с описанием 😊😊😊 Надеюсь, что достаточно....

Отвечает гомеопат-консультант Олегович: дайте фосфорус 30С 3 горохи один раз.

Ср Фев 15, 2012 7:17 pm

Я дала папе Фосфорус 6С (не было 30С). Этой ночью, по словам папы, он спал почти также плохо. Может процентов на 5 получше. Сидеть не может совсем. Днём почти тоже без улучшений.

Отвечает гомеопат-консультант Олегович : Сочувствую. Но это все, что я могу - за отсутствием описания.

Чт Фев 16, 2012 10:42 pm

Уговорила всё же папу ответить на вопросы.
1. Что провоцирует приступ кашля?

Сидение, лежание.

2. Что облегчает приступ кашля?

Прием пищи, питья (какого), тепло постели? Смех, разговор?

Только вставание с кровати, дивана.

3. Есть ли улучшение/ухудшение от движения? Или наоборот приступ возникает в покое, в положении лежа?

От движения лучше. Приступ возникает при лежании (не важно - на боку или на спине).

4. Есть ли улучшение в прохладе, если обмахивать чем-то?

Никаких изменений.

5. Какой характер кашля? На что похож звук кашля?

Кашель сухой. Иногда выделяется мокрота, но она сглатывается обратно и не выплёвывается. Ухудшение к вечеру. К вечеру также незначительно повышается температура. Вот сейчас 37,1.

6. Есть ли мокрота? Вид, цвет, консистенция, вкус мокроты.

Мокроты почти нету. См. 5.пункт.

7. Цвет лица во время кашля?

Не меняется.

8. Спазмы во время кашля? Рвотные позывы?

Нету.

9. Какая поза во время кашля, как пациенту лучше кашлять? Есть ли болезненность в грудной клетке, желание удерживать ее руками?

Лучше кашляется стоя. Сидя невозможно кашлять, приходится вставать. Болезненности в грудной клетке нету, желание держаться руками за грудь, тоже нету.

10. Кашель чаще ночью или днем?

Ночью и вечером. Ночью не может лежать вообще. Уже где-то дней 6-7 не может спать ночью, сидит всю ночь, пытается спать сидя и даже это сложно.

11. Как ведет себя кашель при переходе из тепла в холод и наоборот?

Ничего не меняется

12. Какие пищевые желания? Не просит ли пациент что-то необычное для него?

Такого нету. Аппетит обычный.

13. Как меняется поведение пациента при приближении приступа?

Начинает ходить или стоя кашляет, потому как сидя это сложней.

14. Как изменилось психическое состояние пациента во время болезни?

Всё без изменений. Хочет гулять, но нельзя.

15. Описать симптомы, которые появляются у пациента во время приступов кашля.

Начинается хрипота и потом она как бы провоцирует кашель.

Отвечает гомеопат-консультант Шарова Марина Сергеевна (далее консультант): Давайте попробуем дрозера,30 в растворе. С интервалом в полчаса по 1ч.л. трижды. Да, еще перед использованием раствор интенсивно встряхивают.

Сб Фев 18, 2012 2:07 pm

Спасибо!

Дала вчера папе Дрозеру 30С. Сегодня, по словам папы, хоть 2 часа мог поспать, т.е. смог немного полежать, потому как до этого даже 5 минут не мог находиться в горизонтальном положении.

Но кашель ещё есть, хрипы меньше стали? Может можно повторить?

Сб Фев 18, 2012 7:13 pm

Косультант: Повторите вечером, но уже один раз 1ч.л. Не забудьте встряхнуть раствор перед использование.

Вс Фев 19, 2012 1:50 pm

Папа говорит, что сейчас, днём очень даже нормально, хотя приступы кашля имеются.

А вот ночью по-прежнему почти не может спать. Особенно в промежутке с 1 ночи до 5 ночи. А после 5 ночи резко улучшается состояние. А вот в этом промежутке с 1 до 5 кашель мучает сильно. Говорит ,что как будто снизу что-то подступает и вызывает тем самым приступ кашля. Он тогда идёт на кухню и пьёт горячую воду, тогда на какое-то время кашель стихает, но ненадолго.

Вс Фев 19, 2012 5:14 pm

Консультант: Восстановление у пожилых всегда затяжной процесс, да и хрони уже полно...Пока повода для ГЛС как для разрешения острой ситуации не вижу.
Добавьте дыхательную гимнастику, массаж для улучшения дренажной функции легких.

Вс Фев 19, 2012 8:33 pm

Ясно. Только вот папа такой нетерпеливый, что готов и дальше продолжать принимать препараты.

Вс Фев 19, 2012 9:21 pm

Консультант: Вот пусть с таким энтузиазмом делает дыхательную гимнастику. 😊 Только там акцент на выдохе! Чтобы гипервентиляцию легких себе не сделал.

Гомеопатия, или разве можно так долго врать?

Автор этой статьи Викулов А.О., однако считаю необходимым ее опубликовать у себя, чтобы избежать многочисленных повторов, объяснений, разъяснений одного и того же. Надеюсь после ее прочтения Вам станет многое понятно.

Для начала. Почему я вынужден писать эту статью? Вот небольшая выборка:

«Гомеопатия абсолютно бесполезна. Это медицинский факт»

http://cbio.ru/page/55/id/1921/

ГОМЕОПАТИЯ ОПАСНА ДЛЯ ЗДОРОВЬЯ
http://mediacentr.info/health/gomeopatija-opasna-dlja-zdorovja__33854

Б. Жуков. «Лечение ничем»
Журнал Вокруг Света №11 (2842) | Ноябрь 2010
http://www.vokrugsveta.ru/vs/article/7255/

Стивен Баррет (Stephen Barrett)
Гомеопатия - беспредельный обман http://www.k-istine.ru/occultism/gomeopatia/gomeopatia-05.htm

Рафаил Нудельман «ПЕСНЯ о современной Гомеопатии»
Знание-Сила 4\2010 стр. 80- 89 http://www.docme.ru/doc/83020/znanie---sila-2010-04

Алексей Водовозов, «Гомеопатия: растворенная медицина: Ритуалы гомеопатии» «Популярная механика», №10, 2009 год.
http://www.popmech.ru/article/5958-gomeopatiya-rastvorennaya-meditsina/

Я опускаю откровенную макулатуру типа опусов некоего Голода «О брехне гомеопатической»… На нетленку Берестова и Решетова – отвечал ранее и снова исследовать их поиски чертей в пробирках с гомеопатическими средствами – к чему? Тем более, пытаться искать ответ на вот подобную эскападу:

(How does homeopathy work?) Как работает гомеопатия?
Кликаем по ссылке, открывается дивная картина:

По средине экрана, крупными буквами:

It doesn't.

(Она не работает)

http://www.howdoeshomeopathywork.com/

Однако все это – вызовы. И на вызовы нужно отвечать. Поэтому…

Я очень давно собирался написать эту статью. Я не буду отправлять ее ни в какие журналы – я не верю, что хоть кто-то и где-то посмеет ее опубликовать.

И специально выкладывают ее в свободном доступе в интернете, что бы МЫСЛЯЩИЕ читатели (т.е. те, кто еще способен мыслить критически и самостоятельно) имели возможность ознакомиться с ней. И получить повод для размышлений.

С удивительным постоянством, приблизительно раз в 5 лет в мировое информационное пространство выбрасывается очередная серия статей, фильмов, других информационных посланий, призванных, наконец, окончательно разоблачить гомеопатию.

По большому счету, гомеопаты должны бы быть благодарны за всю эту суету: народ давно привык к тому, что если с экрана телевизора или в периодике журналюги начинают что-то дружно ругать – это значит, что к этому чему-то нужно внимательно присмотреться: обычно так остервенело ругают что-то нужное и полезное. Поэтому эффект от таких залпов антигомеопатических взвизгиваний бывает всегда прямо противоположным: каждый раз заметно увеличивается поток пациентов, жаждущих ощутить на себе преимущества гомеопатической терапии.

Однако осадок остается. Помните: то ли он украл, то ли у него украли... Но рядом лучше не стоять. И как следствие – хуже делается не гомеопатам: они без пациентов никогда не останутся. Вся эта истерика в конечном итоге причиняет вред только тем пациентам, кто мог бы получить адекватную помощь - но по наивности... взял и поверил представителям второй древнейшей профессии. И остался без этой помощи.

Таких нет? Да ради Бога! Несколько недель назад ко мне на прием записался очередной пациент с энкапрезом (это непроизвольное отхождение кала: где дедушка прошел всегда заметно по оставленным им ароматным следам)... Записался – и не пришел на прием. Потом его родственники поставили меня в известность, что когда его лечащий невролог, безрезультатно лечившая его по этому поводу пару лет, узнала о том, что дед собрался на прием к гомеопату, она не поленилась приехать к старцу на дом и буквально умолила его не делать глупостей, не доверять свой драгоценный энкапрез этому подозрительному типу... Да, она, квалифицированный невролог, ни чем не может помочь пациенту... да, современная научная медицина в его случае – бессильна, потому что хоть как-то облегчить его состояние можно только оперативным путем, а оперировать его уже нельзя из-за букета сопутствующих заболеваний... Но к гомеопату идти она категорически не рекомендует! А потому что он - ГОМЕОПАТ! И этим все сказано.

Что это? Она плохой врач? Нет, врач она хороший, совестливый, добрый. Она желает зла своему пациенту? Нет... Она искренне желает ему только добра... Что, для гомеопатии проблема этого пациента является не разрешимой? Нет, это школьный случай, решается легко и просто...

Соль в другом: доктор не знает и не желает знать о гомеопатии НИЧЕГО. Кроме того, что ей в уши вдули представители четвертой власти. Хотя... Помнится лет надцать назад ко мне на прием свою внучку, страдающую бронхиальной астмой, привела профессор мединститута, преподававшая фармакологию. В свое время из любопытства я посетил ее факультативный семинар по гомеопатии для студентов старших курсов… Вполне ожидаемо, на этом семинаре кроме эмоциональных выпадов и арифметики для начальных классов ничего не было. Но была многократно повторяемая установка: гомеопатия = шарлатанство. Гомеопатия никогда и никого не лечила и не могла вылечить. И не сможет. Никогда! Никого!!!

И вот сейчас в моем кабинете – эта самая профессор. Со своей очаровательной внучкой… Ну да, характер у меня не сахарный… И уж поехидничать по этому поводу я себе вполне позволил… И что? Ученая дама вполне спокойно сообщила мне: «Коллега, мы же с вами профессионалы. И вы, и я прекрасно понимаем разницу между реальной жизнью и служебными обязанностями.» Вот так. Это сколько же поколений будущих врачей пошли в жизнь с твердым убеждением, что гомеопаты – шарлатаны? Но вот внучку свою, кровиночку свою – доверить можно только гомеопату. Потому что профессор будет убеждать всех, что бронхиальная астма – это не смертельно, что современная научная медицина позволяет комфортно и счастливо существовать болея этим заболеванием всю свою жизнь… А вот любящая бабушка не согласна с тем, что бы ее внуча – всю жизнь болела. БАБУШКЕ хочется, что бы внучка стала здоровой. И на прием ко мне внучку привела БАБУШКА, что бы гомеопат внучку ВЫЛЕЧИЛ. Кстати – не зря привела, внучка благополучно излечилась. Бабушка была счастлива… Но, насколько я знаю, профессор продолжала и после этого проводить свои факультативы в том же самом ключе: личная жизнь это одно, а работа – это совсем другое.

Много лет, сталкиваясь с руганью в адрес гомеопатии, вынужденно обращаешь внимание на то, что аргументы ругателей всегда повторяются. Снова и снова, из статьи в статью по сути дела – переписывается одно и тоже, какой бы нелепостью это ни было. И постепенно пришло понимание, что нет необходимости опротестовывать каждый такой опус, спорить с авторами написанного, тем более что авторы эти, как показывает практика, принципиально не способны воспринять новую для них информацию, отличающуюся от той, что они усвоили где-то во времена своего детства...

Достаточно будет один раз разобрать все эти «обвинения», и потом можно будет просто давать ссылку, что бы не повторяться снова и снова. Для этого и пишется эта статья.

Итак. Главное, что объединяет все эти антигомеопатические писания – это то, что они буквально пропитаны ложью. Вольной или не вольной – дело десятое. Согласно психологическому словарю, существует два основных вида лжи: ложь умолчанием и ложь искажением.

Ложь может выглядеть совершенно невинно, может быть кричащей и яркой… все зависит от задачи, ради чего автор начинает писать кривду. Можно же соврать, не сказав ни слова неправды…

Ну вот, к примеру, что это такое: «Представляете, смешной чудак берет причудливо изрезанный кусок дерева, засовывает его себе чуть ли не в рот, принимает более чем странную позу и забавным куском какой-то ветки с прикрепленными на ней волосами елозит по этой деревяшке в попытке ее перепилить… Издавая при этом некие звуки, которые почему-то называет музыкой…»

Любопытно, после вот такого описания лично Вам захочется пойти и послушать, что такое скрипичная музыка? Скорее всего – нет… А ведь в написанном нет ни слова лжи. Все именно так:

- что такое скрипка? Да, при определенной фантазии ее можно назвать причудливо изрезанным куском дерева.

- засовывает себе чуть ли не в рот – ну не в рот, а под подбородок… Но если под подбородок – так ведь это и есть «чуть ли не в рот»… Не в рот же! Т.е. все правда.

- а что поза скрипача – для постороннего наблюдателя не странна? Вот лично Вы сколько раз в день принимаете подобную позу? Опять правда…

- А что такое смычок? Разве в таком его описании есть хоть слово лжи? По большому счету -кусок ветки с прикрепленными волосами… Так оно и есть.

- Ну а то, что траектория движения смычка над струнами скрипки весьма напоминает траекторию пилы в процессе пиления очень неумелым пильщиком – видно невооруженным глазом.

- Ну и то, что в процессе всего этого издаются звуки, которые называются музыкой – это снова правда…

Эмоциональная окраска описания сразу ставит и автора, и читателя в положение «знающих истину» - в отличие от того лоха, что дергается на сцене с этими смешными кусками древесины в руках… Это пример лжи искажением.

Гипотетический автор приведенного примера, прекрасно зная о том, что такое скрипка, насколько это сложное, высокотехнологичное изделие, кто такой скрипач, и насколько сложна и трудоёмка техника игры на скрипке – оставляет всю эту информацию за кадром. Предлагая читателю только ерническое описание ВИДИМОЙ части скрипичной музыки… И врет – не соврав ни слова.

Теперь возьмем в качестве примера статью г-на А. Водовозова «Гомеопатия: растворенная медицина: Ритуалы гомеопатии» в октябрьском номере «Популярной механики» за 2009 год. Остановимся на этой статье только потому, что в ней относительно менее выражена эмоциональная составляющая и худо-бедно связно приведены основные претензии к гомеопатии.

Просто будем рассматривать подряд одно положение этой статьи за другим.

Ну для начала запомним вот эту информацию, которую вполне честно дает Водовозов: «В гомеопатической практике разведения бывают десятичными, когда производится многократное последовательное растворение первоначального субстрата в соотношении 1:10 (D), сотенными 1:100 (С), тысячными 1:1000 (М) и пятидесятитысячными (LM) 1:50 000. Чаще всего встречаются С и D. Цифра после латинских букв - порядковый номер разведения: например, С12 - двенадцатое сотенное разведение. Получается С12 так: из стартового раствора вещества взяли 1 мл и добавили к нему 99 мл воды, затем интенсивно встряхнули. Из полученного раствора взяли 1 мл и добавили к нему 99 мл воды, снова встряхнули. И так в сумме 12 раз.»

Именно так и готовятся гомеопатические препараты. Тут перечислены ПОЧТИ все условия правильного их изготовления. ПОЧТИ ВСЕ УСЛОВИЯ. Но вот других обязательных для гомеопатии условий мы в статьях ругателей этого метода лечения не встретите. И чуть позже мы поймем – почему?

Далее, именно из водовозовской статьи, мы вдруг узнаем очень любопытный факт: оказывается объединение врачей официальной медицины произошло не для развития этой самой научной медицины… НЕТ! Оказывается в 1847 году Американская медицинская ассоциация, к примеру, была основана, прежде всего, с целью организации борьбы с гомеопатией… Вот так, ни больше, ни меньше. Запомним этот показательный факт. И еще – запомним дату – 1847 год. Дальше будет понятно, для чего это нам нужно.

И теперь переходим к тому аргументу, который противники гомеопатии считают самым мощным и неотразимым. Как пишет г-н Водовозов: «А вот принцип бесконечных разведений … научного подтверждения не получил.»

Нам предлагается вот это утверждение: «*А теперь о том, чего Ганеман не знал и знать не мог. Речь пойдет о разведениях с точки зрения более поздних воззрений физики и химии на природу вещества. Берем самую обычную поваренную соль. Как мы знаем в наши дни, ее молекулярная масса равна 58,44, то есть в 58,44 г соли (одном моле) содержится округленно $6{,}022 \times 10^{23}$ молекул NaCl ….На практике получаем следующее: разведение 1С содержит $6{,}022 \times 10^{21}$ молекул NaCl, разведение 10С - уже 6022 молекулы. В разведении 11С можно обнаружить 60 молекул NaCl, а вот в разведении 12С - всего 0,6 молекулы. Другими словами, существует лишь 60%-ная вероятность, что в 12С можно найти одну молекулу начального вещества. Где-то здесь проходит граница между хоть каким-то теоретическим обоснованием, почему могут работать гомеопатические препараты. В дальнейшем мы будем растворять воду водой до бесконечности, ведь существуют разведения 30С, 100С, 200С и даже больше»*

Все совершенно правильно! Начиная с 12 сотенного разведения в гомеопатических препаратах нет ни единой молекулы исходного вещества. И гомеопаты этого факта никогда не скрывали. Для чего скрывать очевидное? И, значит, правы водовозовы? И гомеопатия – лженаука?

Но нужно вспомнить тот факт, что до второй половины 19 столетия гомеопатию числили лженаукой только потому, что гомеопатия – это ЭМПИРИЧЕСКАЯ практика. Т.е. это метод лечения целиком и полностью основанный на опыте. Да-да! Самая научная и самая современная на то время медицина открещивалась от гомеопатии именно поэтому: гомеопатия была основана на эксперименте, в отличие от этой самой научной медицины. И каждое положение гомеопатии - проистекало опять же только и исключительно из опыта.

И что нам делать с этим, если опыт говорит одно, а наш здравый смысл – прямо противоположное? Опыт показывает, что даже такие сверхразведенные растворы (принято говорить о «мнимых» концентрациях», т.е. таких, в которых уже нет и не может быть ни единой молекулы действующего вещества) – таки упрямо оказывают регулярно регистрируемое воздействие на биологические объекты?

Помнится в далекой юности я читал о том, как блестяще доказал свою правоту в научном споре некий высокоученый аббат. Суть спора была в том, плоска ли Земля или шарообразна? Оппоненты аббата приводили множество доказательств шарообразности Земли… Косвенных доказательств, других-то не было. А аббат, кротко выслушав все аргументы противной стороны… просто взял чашу с водой и опрокинул ее вверх дном… Вода вылилась. И всем сразу все стало ясно: Земля может быть только плоской, потому что если она шарообразна – вода с нее выльется.
А корабли Магеллана уже плыли. Дело-то было – в 16-м веке.

Какое отношение все это может иметь к гомеопатии? Только одно: и в нашем случае, и в примере с плоской землей здравый смысл не желает соглашаться с упрямыми фактами, предъявляемыми природой. Причем самые простые и наглядные эксперименты, производимые без учета особенностей изучаемого явления – вроде бы подтверждают правоту именно здравого смысла. Вода из чаши действительно выливается. А если раствор соли разводить вновь и вновь – очень скоро вкус соли исчезнет, а с определенного момента даже самые совершенные химические методики не обнаружат присутствия соли в растворе. И вот теперь внимание: и в первом и во втором случае мы имеем неявные ПРЕДПОЛОЖЕНИЯ, которые по умолчанию считаются аксиомой. В случае с шарообразностью Земли это предположение о том, что центр притяжения Земли находится вне Земли. Это предположение ни кем и никогда не доказывалось, но считалось абсолютной истиной в те времена. И уж если это так – то тогда действительно, вся вода с шарообразной Земли должна вылиться к этому центру притяжения. Во втором случае изначально считается, что если вещества в растворе нет, то нет и не может быть никакого биологического действия этого раствора. Обратите внимание – ЭТО ПРЕДПОЛОЖЕНИЕ. Проверять которое считается пустой тратой времени, потому что здравый смысл нам говорит… Дальше понятно?

Основное отличие настоящего ученого от научных деятелей все же в том, что ученый способен серьезно воспринимать данные только и исключительно эксперимента… Это одно из основных положений картезианства, нынче, к сожалению, часто забываемое. Есть и другая сторона медали: настоящий ученый никогда не отмахнется от экспериментальных данных, даже если эти данные противоречат теоретическим построениям этого ученого.

Но это так должно быть… А в реальности мы имеем убеждение, мол мало ли что там тараторят эти гомеопаты? «Настоящий» ученый глупостями заниматься не будет. Приходит не настоящий… Задает «глупые» вопросы… И делает открытие.

И все бурно радуются?
Да как бы не так! Ведь у нас настоящая наука! Которая лучше всех знает, что в природе должно быть, а чему быть не позволено. Ага. Снова начались бредни старого гомеопата? Ну так оглянемся на историю?

Вернемся в 19 век. В 1888 году Корнелиус Рейнитцер отправил Отто Леману, известнейшему ученому и экспериментатору того времени, образцы синтезированных им холестеринацетата и холестеринбензоата и письмо с описанием интересных и неожиданных свойств этих веществ.

Леман воспроизвел эксперименты Рейницера и провел куда более глубокое исследование этих и прочих, открытых уже им, свойств данных соединений. И уже в следующем году опубликовал статью об открытии нового класса веществ – жидких кристаллах. И что? Научная общественность бурно обрадовалась? Нет! Реакция ученого сообщества была вполне ожидаема: и Леман, и Рейникер заполучили «почетные» звания лжеученых. Ведь даже выпускникам гимназии известно, что вещество может быть только в трех состояниях: жидком, газообразном и кристаллическом. Только в трех! Поэтому само словосочетание «жидкий кристалл» - это бред воспаленного ума переутомившегося исследователя. Кристалл жидким быть не может! И настоящий ученый такими глупостями заниматься не будет…

Как следствие – строительство лаборатории для весьма известного по тем временам ученого Лемана было прекращено. Еще его лишили кредитов для продолжения дальнейшей научной работы… И вплоть до 1963 года, когда американец Фергюсон получил патент на индикатор тепла на основе жидких кристаллов – тема жидких кристаллов была прибежищем немногочисленных энтузиастов… А ведь все возможности для инженерного применения свойств жидких кристаллов были в наличие уже в самом начале 20-го века! И только амбиции научного сообщества послужили тормозом к появлению дешевых и надежных индикаторов уже тогда. Трудно представить, какой рывок в познании мира могло бы сделать человечество на 60 лет раньше – если бы не высокомерное отсутствие естественного любопытства у «настоящих» ученых.

Но вернемся к нашим баранам.

Первое обвинение в адрес гомеопатии - гомеопатические препараты не могут работать, потому что в них ничего нет.

Давайте разбираться – спокойно и без эмоциональных всплесков. Здравый смысл говорит нам, что это действительно так, и по-другому быть не может. В самом деле, если вещества нет ни единой молекулы, чему там работать?

Вообще, в принципе, возможно ли биологическое воздействие раствора, в котором нет ни одной молекулы вещества?

Опять вернемся в 19 век. Забавно – тогда ученые были учеными и не боялись задавать природе самые невероятные вопросы. Быть может, поэтому именно то время и называют золотым веком науки?

Итак, в 1893 году увидела свет статья швейцарского ботаника Карла Негеле, в которой он задавался этим вопросом: где границы чувствительности живой протоплазмы? Он обнаружил явление, которое назвал олигодинамическим действием сверх разбавленных растворов (от греческого «олигос» - след, и «динамис» - действие, т.е. олигодинамическое действие – это действие следов.)

В частности он обнаружил, что даже при разведении раствора солей меди до уровня 1:80 000 000 - водоросль спирогира погибает.

Эта работа заинтересовала нашего соотечественника, ученого-фармаколога, академика Н.П. Кравкова, и он с учениками в течение нескольких лет в серии интереснейших экспериментов изучал этот вопрос, получив сенсационные результаты. Каждый желающий может убедиться в этом, прочтя эту работу: Н. П. Кравков «О пределах чувствительности живой протоплазмы», "Успехи экспериментальной биологии", 1924 г., Т.3, № 3-4. Впервые эти данные были доложены и демонстрированы Кравковым в заседании Русского Физ.-Химического

Общества 20 мая 1921 г. и в заседании Химич. Менделеевского съезда 30 мая 1922 г. Т.е. эта статья объединяет результаты очень большой серии экспериментов проведенных на различных биологических объектах. Статья есть в интернете, например вот здесь: http://www.homeorealhelp.ru/ob_smd3.html

Что обнаружил Кравков?

1. Действие химических веществ на биологические объекты по мере уменьшение концентрации полимодально. Т.е. первоначальное прямое воздействие сменяется фазой исчезновения любого воздействия (что ожидаемо), но по мере разведения - биологическое действие вещества возникает снова – и вот это уже сенсация! Мало того, Кравков выявил, что по мере разведения это действие меняет знак на обратное действие, потом снова на прямое, и опять на обратное… Если перевести на обычный язык все эти наукообразные сложности, Кравков обнаружил, что тот же адреналин, который в обычных концентрациях вызывает сужение сосудов, по мере разведения вдруг начинает оказывать сосудорасширяющее действие… При дальнейшем разведении – снова сосудосуживающее, и потом опять начинает расширять сосуды… Увы, выявить закономерности, с которыми меняется знак воздействия Николай Павлович не успел.

2. Главная сенсация была в том, что эти эффекты Кравков с сотрудниками обнаружили… Но предоставим слово самому Николаю Павловичу: «Степень разведения ядов, при которой они еще проявляют указанную активность, в наших опытах равнялась 10^{-32}, т. е. выражалась дробью с единицей в числителе и единицей с тридцатью двумя нулями в знаменателе.» !!! Думаю, даже школьнику будет понятно, что эта цифра заметно выходит за пределы числа Авогадро… Т.е. в растворе нет ни единой молекулы исходного вещества. А действие мало того, что есть, так оно еще и меняет свою полярность!
И на закуску академик Кравков многозначительно отмечает: «Но, по-видимому, и эта концентрация еще не является пределом действия яда.»

Вот так. Ни больше. Ни меньше. Помните, г-н Водовозов этак лихо за ПИСЬМЕННЫМ столом записал, что при разведении ниже С12 действия у растворов быть не должно, потому что в растворах уже нет ни одной молекулы исходного вещества… Так говорит его здравый смысл, а здравый смысл – это наше все. А вот Кравков с сотрудниками за столом ЭКСПЕРИМЕНТАЛЬНЫМ доказали, что это – не так. Причем все это Кравков доказал минимум за 80 лет до «научных» потуг Водовозова… И мне не слишком интересно, отчего водовозовы игнорируют данные Кравкова: либо это вызывающая демонстрация уникальной узости научного горизонта, либо это банальная ложь умолчанием? Какая разница?

Для нас важно то, что эти данные есть.

3. Эксперименты производились на изолированных ушах кроликов (т.е. на отрезанных ушках…) и на пигментных клетках кожи лягушки. И вот это нужно запомнить, мы еще обязательно к этому факту будем вынуждены вернуться.

Итак. В начале 20-х годов прошлого века экспериментально было доказано, что растворы, в которых нет ни единой молекулы исходного вещества – биологическое действие таки оказывают, что бы ни говорил по этому поводу здравый смысл «настоящих» ученых.

Увы, эта работа была опубликована только в СССР и в Германии. А Кравков – умер. Как известно, для любого нового дела нужен лидер, обладающий достаточно весомым авторитетом, что бы проталкивать это новое. Со смертью Кравкова, такого лидера не стало. Широкой известности работы не получили. И о них предпочли забыть. Почему? Так ведь если Кравков прав – то гомеопатия получает статус признанной дисциплины. А мы помним, что только стремление уничтожить гомеопатию, заставило объединиться, например, врачей-аллопатов Америки. Кравкова – нет в живых… И посмотрите его научные биографии: в подавляющем большинстве их нет ни слова об этой работе. А не писал Николай Павлович ничего подобного! И экспериментов таких – не производил! Да Бог с ними, с этими пигмеями от науки, что старательно сепарируют научное наследие титанов прошлого… мы пойдем дальше.

А дальше был ряд работ зарубежных ученых в разные годы и в разных странах, которые так или иначе переоткрывали этот эффект… Но никто из них не обладал авторитетом Кравкова и их работы благополучно объяснялись неграмотностью экспериментаторов или даже объявлялись фальсификацией. Как это делается – мы помним на примере истории жидких кристаллов.

Но вот в конце 20-го века в нашей стране выходит сразу серия работ, посвященных этой теме из лаборатории профессора Шангина-Березовского и чуть позже – шумная история с работой Жака Бенвениста.

Сначала о работах Шангина-Березовского. Еще в конце 70-х в его лаборатории случайно обнаружилось, что при сверхвысоких разведениях супермутагены оказывают не токсическое воздействие, а стимулирующее. А это уже более чем интересно для сельского хозяйства. И Ген Никифорович начал серию экспериментов…
    И что открылось в этих экспериментах?
    В опытах на дрозофилах он и его сотрудники выявили, что после инкубации яиц этой мушки в р-ре нитрозодиметил мочевины в концентрации 10^{-29} г/л количество вылупившихся личинок на одну самку почти в два раза больше, чем в контроле, не содержащем этого вещества, и более чем в два раза больше, чем при воздействие той же НДММ, но в привычной концентрации 10^{-9} г/л…

Т.е. происходит нечто, противоречащее здравому смыслы: раствор, в котором нет ни одной молекулы исходного вещества – вдвое эффективнее по своему воздействию, чем раствор, в котором это вещество есть…

Аналогичное действие обнаружено при воздействии НДММ на прорастание семян ели и томатов.

Любой желающий может убедиться, что это именно так, вот одна из этих работ: Шангин-Березовский Г.Н., Молоскин С.А., Рыхлецкая О.С. «Парадоксальный эффект воздействия микродоз НДММ и ПАБК в зависимости от чувствительности подопытного материала» // Химический мутагенез в создании сортов с новыми свойствами. -- М.: Наука, 1986. -- С. 243--248. http://www.homeorealhelp.ru/ob_smd7.html

Но вот ведь… Дело происходило в СССР… И на эти работы никто не обратил внимания. Тоже понятно: если факты противоречат теории, особенно марксистско-ленинской теории – тем хуже для фактов. Но к чести отечественной науки можно отметить – Шангина-Березовского никто не отлучал от науки. Его никто не травил… Его работы просто не замечали.

Ведь одновременно с этим произошла подлинная трагедия. В начале 80-х годов прошлого века весьма известный и преуспевающий французский иммунолог Жак Бенвенист решил поставить все точки над i в вопросе о действенности гомеопатии. Тем более, что подвернулся удобный случай, который раз за разом повторялся в разных лабораториях: снова лаборантка по ошибке использовала в очередном эксперименте раствор исследуемого вещества в сверхнизкой концентрации… И снова раствор продемонстрировал эффекты, свойственные именно растворенному веществу. Ни мало не обращая внимания на мизерность концентрации. Очень важным для констатации этого явления будет то, что удивительным образом должны совпасть несколько плохо совмещаемых факторов: ошибка лаборантки (это бывает часто), ее наблюдательность и, пожалуй, главное – наличие в лаборатории УЧЕНОГО (сиречь человека, умеющего удивляться неизведанному)… Так было в лаборатории Бенвениста, так было в лаборатории Шангина-Березовского. Так было в лаборатории профессора Бурлаковой (об этом вспомним позже).

Бенвенист более чем скептично отнесся к сообщению лаборантки… Но решил его проверить. А проверив – ощутил азарт настоящего исследователя: он видел то, чего не могло существовать по определению! Он реально увидел действие растворов, не содержащих ни одной молекулы исходного вещества. Бенвенист был хороший ученым. И хорошим профессионалом. Поэтому эксперименты его были тщательно подготовлены по дизайну и неизменно воспроизводимы. Мало того, он договорился с коллегами из нескольких научных центров, и они воспроизвели эти эксперименты, подтвердив его данные. Т.е. его исследование было мультицентрическим и списать полученные результаты на предвзятость автора – не получится. Бенвенист предложил свою работу к публикации авторитетнейшему научному изданию «Nature».

Отмахнуться редакция не могла: данные сенсационны, а Бенвенист, которого любят представлять малограмотным недоучкой – к тому времени автор нескольких сот научных публикаций в крупнейших научных изданиях и один из ведущих ученых Европы… Работа Бенвениста и его соавторов редакцией журнала была отправлена на рецензирование, в ходе которого еще в трех научных центрах были воспроизведены и подтверждены его данные… И после этого главный редактор «Nature» Меддокс соглашается опубликовать эту работу. Но – со странным условием: редакция журнала оставляет за собой право провести собственную проверку данных Бенвениста ПОСЛЕ опубликования этой статьи. Мелочь, конечно… Бенвенист – ученый. Он совершенно не разбирается в реалиях околонаучной жизни. А Мэддокс одним этим требованием убивал сразу двух зайцев. Но об этом чуть позже.
Итак, после получения благоприятных заключений рецензентов, статья J. Benveniste; E. Dayenas, F. Beauvais, J. Amara et all. «Human basophil

degranulization triggered by very dilute antiserum against IgE». Nature 333: 816—818, публикуется 30 июня 1988 года.

Научное сообщество в шоке. Бенвенист предвкушает нобилевку. А Мэддокс знает, что он делает. Очень скоро, как звучит в официальной версии событий, в лабораторию Бенвениста приезжает группа экспертов журнала, в присутствие которых эксперимент воспроизводится. И данные эксперимента подтверждают правоту Бенвениста и его соавторов. Но экспертам этого мало. Они ужесточают условия эксперимента и эксперимент проводится по дизайну, предложенному уже этими экспертами. И весь эффект, который наблюдал Бенвенист – куда-то исчезает…

ТОЧКА!!! Бенвенист и его соавторы либо злостные мошенники, пытающиеся ввести в заблуждение научное сообщество. Либо тупые неумехи, которые не умеют грамотно провести эксперимент. Во всяком случае, именно так звучит заключение экспертов журнала в редакционной статье, опубликованной сразу после этих событий.

И никакой памяти воды нет. Настоящая наука снова преградила дорогу злостному шарлатанству.

Но вот гложет душу какой-то червячок… Есть несколько вопросов, ответы на которые мы уже, скорее всего, никогда не узнаем.

1. Почему проверка экспертов журнала проводилась ПОСЛЕ публикации статьи, а не до этой публикации? Если редакцию интересует только и исключительно выяснение истины, то отчего на карту ставится престиж наиболее авторитетного научного издания, как следует из фактов – поспешившего, наподобие дешевой желтой газетенки, тиснуть подвернувшуюся сенсацию в ближайшем номере? Если нам нужно истина – то логичнее сначала убедиться в том, что данные статьи - это не бред авторов. И только после этого - публиковать.

Что-то здесь не так…

Впечатления дурачка главный редактор «Nature» не производит. Да, как ученый – он Никто и зовут его – Никак, у него нет значимых научных работ и даже ученого звания. Но он блестящий журналист, человек, который в 31 год сумел стать главным редактором этого весьма почтенного издания… Увы, заметно потерявшего к этому времени и свой престиж и свой блеск. И именно благодаря таланту и энергии Мэддокса-организатора и Мэддокса-журналиста – «Nature» буквально возродился. И стал значимым, престижнейшим научным журналом. Так для чего Мэддоксу вся эта непонятная возня со статьей Бенвениста?

Я нашел только одно более или менее логичное объяснение такого поведения Мэддокса: научная истина его волновала меньше всего. Была четкая задача – в очередной раз опорочить гомеопатию. Тот факт, что при этом придется уничтожить и судьбу блестящего ученого – ну разве делового человека может взволновать такая перспектива? Ведь цель опять оправдает все средства… Я имею право на такое предположение, поскольку существует фраза, принадлежащая Мэддоксу, многократно тиражируемая в статьях по данной теме: «Редакция журнала высказывает опасение, что публикация этого материала даст гомеопатам-практикам возможность утверждать о научных доказательствах основ гомеопатии, даже если впоследствии утверждения автора будут опровергнуты.» Запомним, это было высказано еще до публикации статьи и до проверки командой экспертов журнала! Но уже после получения положительных данных от рецензентов.

Тут же все написано открытым текстом: если провести собственную экспертную оценку работы Бенвениста до публикации его статьи, и если данные этой оценки покажут несостоятельность его работы – то этой публикации просто не будет. Не будет скандала. Не будет сенсации… А разве Мэддокс-журналист способен упустить такой лакомый кусочек? И разве Бенвенист-ученый – способен даже предположить такую подлость со стороны руководства уважаемого журнала? Это с одной стороны…

А с другой стороны, мы видим четкую задачу, которая ставится перед экспертной группой, которая будет проверять работу Бенвениста после публикации: его данные нужно дезавуировать… Это не смотря на то, что работа его мультицентрична, что данные его в ходе рецензирования перепроверялись и подтверждались в лабораториях рецензентов… Всю эту научную шелуху необходимо отбросить. У экспертов задача одна: данные Бенвениста нужно опорочить.

И мы видим то, что мы видим: сначала рецензирование (это как положено), потом публикация…И только теперь – редакционная проверка.

2. Вот и пришло время для второго вопроса. А кто у нас эксперты? Кто проверяет работу Бенвениста?

Читатель… Как вы считаете, кто должен проверять работу хирурга? Бухгалтер, председатель месткома и пара дворников? Кто готов доверить проверку годового баланса бухгалтера фокуснику из цирка? Кому придет в голову пригласить для оценки работы балерины пару остепененных ученых, специалистов по теплотехнике, предположим? Чего они, со всеми своими научными званиями – смыслят в балете?

Работа Бенвениста – это иммунологическое исследование. Не каждый даже биохимик способен грамотно воспроизвести исследования подобного уровня: это профессия. Профессии нужно учиться. Это аксиома. Для любого непредвзятого человека. Но не для Мэддокса. Работу Бенвениста едут проверять

1. Сам Мэддокс - журналист
2. Уолтер Стюарт, профессиональный разоблачитель лженауки и в прошлом физик
3. Джеймс Рэнди, известный борец с лженаукой и известный цирковой фокусник, престидижитатор.

Еще нужны комментарии? Работу высоко профессиональной лаборатории (кстати… а почему только этой лаборатории? Ведь исследование мультицентрично? Ведь аналогичные результаты получены и в лабораториях рецензентов?) приезжает проверять команда даже не любителей… Назовем вещи своими именами: команда воинствующих профанов. Приезжает с вполне определенной целью – любыми средствами опорочить работу Бенвениста и именно Бенвениста.

Первый этап – под объективом видеокамеры сотрудники Бенвениста проводят эксперимент. Съемки ведет сам Рэнди. Эксперимент подтверждает правоту Бенвениста.

Дальше камеру в руки берет Стюарт. И начинается второй этап проверки. Очень хорошо все происходящее показано в
фильме BBC Horizon «Homeopathy The Test», он есть в Ютубе (http://www.youtube.com/watch?v=_ZhmG97lYog).

Как сообщают авторы фильма, к этому моменту лаборатория Бенвениста, стараниями экспертов превратилась в сумасшедший дом. Это не мое преувеличение, это слова авторов фильма! Рэнди, как он сам говорит, что бы разрядить обстановку, засыпает сотрудников лаборатории массой фокусов. А Стюарт снимает.

Практически во всех статьях об этой истории, указывается, что Мэддокс с экспертами обнаружили какие-то помарки (где-то пишется о подчистках) в рабочих журналах лаборатории… Ну, те, кто хоть раз в жизни вел такой рабочий журнал или видел реальные рабочие журналы даже самых известных ученых – те знают, сколько в таком журнале помарок, исправлений и прочего.. Это РАБОЧИЕ журналы. И эта версия появилась уже потом, постфактум, что бы хоть как-то облагородить деятельность этой команды «экспертов».

А вот фильм ВВС все ставит по своим местам. В фильме участвует сам Рэнди, поэтому лгать так по мелочам, как это позже позволяет себе пишущая братия в своих описаниях рассматриваемых событий, создатели фильма не могут: разоблачение этой маленькой лжи может привлечь внимание ко лжи куда большей, к которой мы еще вернемся.

Итак, в фильме буквально озвучена основная претензия Мэддокса и его соратников: сотрудники, проводящие эксперимент знали, что именно содержится в каждой пробирке. И это знание МОГЛО повлиять на данные эксперимента. Погодите смеяться... Все на полном серьезе!

Мэддокс требует проведения исследования в условиях двойного слепого эксперимента. Когда никто из исследователей не знает, что там в пробирках. Вроде - справедливое требование...Но в лаборатории начинается сумасшествие: переписывание номеров, маркирование уже заряженных пробирок, аттракцион с приклеиванием конверта с данными, где какая пробирка, к потолку лаборатории... И это все на фоне фейерверка фокусов, демонстрируемых Рэнди сотрудникам лаборатории...

А ведь это иммунология. Достаточно во всем этом хаосе просто поменять несколько внешне одинаковых пробирок местами (не важно каких) – и вся логика эксперимента нарушена. Данных не будет. Эксперимент не состоится. А человек, который вполне способен это сделать профессионально, так что никто и ничего не заметит – вот он, его долго искать не нужно: Рэнди снимет ваши часы, достанет их из кармана вашего сотрудника и сделает это так, что вы скорее поверите в то, что это ваш сотрудник – вор, но не в то, что на подобное способен этот милый благообразный дедок....

Немного отвлечемся. Лет 40 назад я возвращался из больницы домой, имя в кармане честно заработанный аванс (меньшая половина заработной платы, выдаваемая работнику в середине месяца в СССР)... На центральной площади родного города ко мне подошла очень беременная цыганка и попросила 2 копейки – ей нужно срочно позвонить. Наверное, в комиссию по Правам человека... Трудно отказать, когда просят о такой мелочи. Дал. И началось. Мне вцепились в дающую руку, мне сообщили, какой я весь из себя замечательный, добрый, красивый, исключительно-выдающийся ... Я ей сделал хорошо, и она не может, просто не может не ответить добром на мою доброту... Вот прямо сейчас она совершенно бесплатно мне погадает и совершенно немедленно сообщит мне все что было, что есть и что будет в моей жизни. Заодно отменит все грядущие неприятности, и как вы уже догадались – все это совершенно бесплатно. Мои интеллигентски-смущенные взбрыкивания на тему «да я не хочу, да мне этого не нужно...» в расчет не принимаются, тут же вокруг меня поднимается хоровод цветастых юбок ее товарок, и все наперебой сообщают мне, какой я счастливчик, как мне повезло, ведь САМА (не понял кто) соизволила осчастливить меня открыванием моих глупых глаз на мое же неприглядное будущее...

Ну дальше понятно... Аванс до дому я не донес. Пусть эти деньги дадут много счастья этой цыганке и ее потомству. Но сама техника развода простака... Вам это ничего не напоминает?

Давайте сопоставим то, что происходило со мной на площади с тем, что происходило в лаборатории Бенвениста:

1. В обоих случаях все начинается со вполне вменяемых действий: у меня скромно просят мелкую монетку, и в лаборатории первый эксперимент проводится в нормальных, вменяемых условиях и подтверждает проверяемые данные.
2. Далее начинается собственно то, ради чего все затевалось: вокруг лоха (меня) организуется хаос, суета, перегрузка восприятия. И уже полностью растерянный человек, своими руками отдает свои кровные денежки. А в лаборатории выдвигаются настолько абсурдные требования, что профессионал просто отмахнется от них – да ради Бога, все равно исполнение

этих условий никоим образом не может повлиять на результат работы. В сам деле , объекту воздействия - базофилам – совершенно безразлично, кто и почему знает в какой пробирке есть чистая вода, а в какой гомеопатизированное вещество… Но на этом фоне в лаборатории создается хаос, с исполнением концертной программы прямо на рабочем месте… Как результат – сотрудники Бенвениста в дальнейшем не могли достоверно вспомнить последовательность событий… И с позиции очень прикладной психологии это объяснимо: лоху в процессе его обмана позволено воспринимать только то, что ему позволит воспринимать мастер обмана. И ведь мы помним - такой мастер в лаборатории был!!! Рэнди по своей основной профессии – профессиональный обманщик, фокусник, вы об этом еще не забыли?

3. Дальше в моем случае цыганка убеждает меня в том, что она – беременна, что беременная женщина лгать не способна, что мои временно исчезнувшие деньги обязательно ко мне вернутся, если я ровно через неделю приду на это самое место и в это же самое время с точностью до секунды по ее часам… И все это под аккомпанемент возмущенного визга полудесятка обладательниц многоцветных и многочисленных юбок, энергично вздымающих вокруг нас пыль… И здоровое ржание восхищенных зрителей: еще одного лоха обули!!! Махнул рукой. Ушел. Деньги не вернулись. Наверное, только потому, что ровно через неделю я не вернулся на то самое место и в то самое время. И в лаборатории Бенвениста происходит что-то подобное… Ученым всегда сложно иметь дело с проходимцами. А именно проходимцами в этой истории выступают Мэддокс со товарищи.

Ну и на закуску – факт, который отчего-то уже 30 лет ускользает от взора заинтересованной публики.

А чего, собственно, добились своей эскападой Мэддокс, Стюарт и Рэнди?

Что они доказали? Еще раз вдумаемся в их трактовку происходящего:

А) Эксперимент проводится по дизайну Бенвениста. Исследователь знает, где, в какой пробирке что находится. И все происходит штатно.

Б) Эксперты журнала требуют изменения дизайна эксперимента таким образом, что бы исследователь не знал, где и в каких пробирках находится контроль, а где - экспериментальный материал. Т.е. требуется, что бы исследование проводилось в условиях двойного слепого плацебо контроля. Это понятно, когда эксперимент проводится с пациентурой - мыслящей, внушаемой. И это совершенно абсурдное требование при экспериментах в пробирке: базофилам, участвующим в эксперименте – совершенно безразлично, что думает о результатах эксперимента хоть кто-то из присутствующих. Это очевидно наивному профессионалу. Но дает огромные возможность для жуликов.

А если подумать? Эксперты журнала предположили, что именно вот это знание лаборанта, проводящего эксперимент, о том, что и в какой пробирке находится, именно это знание влияет на результат эксперимента. Мэддокс очень наукообразно оформил это предположение, как проявление эффекта экспериментатора (эффекта Пигмалиона)… Ага. А специалиста-психолога рядом не оказалось… И некому было объяснить Жаку Бенвенисту (а чуть позже – всему такому научному миру) простой факт, что эффект Пигмалиона подразумевает воздействие внешности, поведения экспериментатора на ПСИХИКУ испытуемого. Вдумайтесь – на испытуемого, который таки должен обладать хоть какой-то психикой, что бы воспринять эти неосознанные сигналы экспериментатора…

Изначально предполагалось, что в ходе проверки будут выявлены махинации с пробирками, подмена или подтасовка данных… Но вот беда: сам Рэнди тщательнейшим образом зафиксировал на видеокамеру все этапы первого, удачного эксперимента Бенвениста. И в условиях наличия этого документа – даже у таких «экспертов» не хватило наглости обвинить сотрудников Бенвениста в научной нечистоплотности. Это было сделано позднее, и не ими. Естественно, все три эксперта знали об этих позднейших обвинениях. Все трое знали, что эти обвинения беспочвенны. И ни один этих обвинений не опроверг. Можете со мной спорить, но – в приличном обществе подобное называется подлостью.

И все же… Если следовать логике и утверждениям группы Мэддокса, то что именно они обнаружили?
Еще раз пройдемся по фактам.

1. Лаборант знает, в какой пробирке что находится. И эффект есть.
2. Лаборант не знает, где что находится в пробирках – и эффект исчезает.
3. Вывод: именно знание лаборантом того, где и какой раствор находится, является определяющим моментом для получения исследуемого эффекта.

Вы уже вспомнили, как называется якобы зарегистрированное группой Рэнди явление?
Не-е-е-т… С эффектом Пигмалиона это Мэддокс уже погорячился… Уже хвостиком мелко затряс… В попытке прикрыть УДИВИТЕЛЬНОЕ…
Для регистрации эффекта Пигмалиона необходимо наличие психики у испытуемого объекта, об этом мы уже вспоминали. Объект испытаний – базофилы, клетки крови. И Мэддокс трепетно надеется, что никто и не вспомнит о такой мелочи… Ведь если базофилы ощущают это искреннее желание лаборанта, что бы они отреагировали именно вот в этих пробирках, а вон в тех – никакой реакции не проявили, то Мэддокс со товарищи ставит мировую науку перед тяжким выбором:
1. Либо нужно признать факт наличия если не разума, то хотя бы психики у базофилов. И мало того – базофилы должны обладать некими органами чувств, по сию пору не известными науке, которые позволили бы им воспринять эти мельчайшие сигналы, непроизвольно демонстрируемые им лаборантом…

2. Либо, если базофилы на такое не способны, а мысленное воздействие этого самого лаборанта на них таки есть – все это называется уже совсем по другому… И я от всей души поздравляю Мэддокса, Стюарта и Рэнди с тем, что они экспериментально доказали существование телепатии.

Вот такая образовалась трилемма… Или признать действенность гомеопатии. Или признать разумность базофилов. Или признать наличие телепатии…

Если знать, сколько сил и средств приложили Рэнди и Стюарт разоблачая всевозможных телепатов и обнаруживателей негуманоидного разума, то очевидна горькая усмешка Создателя…

И что забавно – ведь это вполне очевидный вывод из всей этой истории. Почему за 30 лет никто не удосужился сесть и подумать, что же тогда произошло – вот это действительно загадка.

Ну и как последний аккорд к этой грустной повести о настоящей научной подлости, маленький фактик: заключения экспертов группы Мэддокса НЕ РЕЦЕНЗИРОВАЛОСЬ! Эти данные были опубликованы лично Мэддоксом в редакционной статье. А редакционные статьи – не рецензируются… И это было совершенно правильно сделано, потому что любой рецензент, хоть относительно честный и худо-бедно владеющий техникой экспериментальной работы подверг бы деятельность этой группы уничтожительной критике. А вот это в задачи Мэддокса не входило…

И он опубликовал только то, что было нужно ему. Поскольку потрясения и революции в науке никому не нужны, и именно тот результат, что был предложен Мэддоксом устраивал весь научный истеблишмент - научное сообщество спокойно проглотило фальшивку Мэддокса… И согласилось с его торжественным утверждением: «Наука еще раз доказала, что гомеопатия – это обман».

Только кто покажет мне пальцем: а где наука в действиях группы Мэддокса? А уж как такую «науку» называют – я и сам знаю. Вы тоже догадались?

Но идем дальше. Почти одновременно с Бенвенистом эффект памяти воды обнаруживает в своей лаборатории наша соотечественница профессор О.Б.Бурлакова. Опять ошибка лаборантки, опять наличие в лаборатории настоящего ученого… И оказывается, что нейрон слухового нерва улитки – вполне определенно отвечает на воздействие р-ра вещества. Раствора, в котором нет ни единой молекулы этого самого вещества.

Можем гордиться отечественной наукой: ни Бурлакову, ни Шангина-Березовского никто не уничтожает в научном плане. Им не запрещали их работу. Грязью, естественно, по обливали, и ни мало... Но куда же без этого в настоящей науке? Елена Борисовна Бурлакова и по сию пору доктор биологических наук, профессор, лауреат Государственной премии, заместитель директора, заведующая лабораторией Института биохимической физики им. Н. М. Эмануэля (ИБХФ РАН), главный редактор журнала «Радиационная биология. Радиоэкология».

Ее наработки для нас будут очень важны, когда мы будем разбираться с тем, почему так боятся гомеопатию, и почему так старательно пытаются ее уничтожить. Но вернемся к ним в свое время.

Однако мы упомянули фильм BBC Horizon «Homeopathy The Test». Так не бросать же его на полдороге не рассмотренным?

Фильм очень важен для нас. И вот почему. Сначала крупными мазками очертим содержание фильма. После заманчивой вводной части, где профессор Эннис интригует нас рассказом о своем эксперименте, а фокусник Рэнди нагнетает обстановку обещанием выдать миллион долларов тому, кто докажет ему, что гомеопатия – действует, нам вполне подробно показывается процесс изготовления гомеопатических препаратов в гомеопатической лаборатории. Естественно все это происходит на фоне арифметики для слаборазвитых, призванной наглядно убедить зрителя в том, что в этих препаратах нет ни одной молекулы исходного вещества… Ну это так эффектно – ломиться в дверь… которую никто не думал запирать.

Потом показывается история Бенвениста – достаточно нейтрально. Но со значимым эпилогом: «Наука еще раз доказала, что гомеопатия это обман».

Что очень важно для нас: авторы фильма с плохо скрываемой горечью удивляются: вот ведь, наука же в истории с Бенвенистом все уже доказала!!! А в результате интерес к гомеопатии только возрос, а (ВНИМАНИЕ!!!) объемы продаж гомеопатических средств увеличиваются в разы… Вот где она собака зарыта-то… Гомеопаты со своими лекарствами посмели откусить чуть больше, чем им это было позволено… А вот этого им позволять уже никто не будет. И действие продолжается.

Идем по фильму. Нас знакомят с историей вполне реальной Мэри Смит, помочь которой конвенциональная медицина не смогла, а излечила ее болезнь крови гомеопатия. Ну это так думает наивная женщина. А нам, не таким наивным, настоящий ученый далее по фильму рассказывает об эффекте плацебо, и почему действие гомеопатии основано только на этом эффекте… Пока все проглатываем молча – мы смотрим фильм.

И создатели фильма не обманули наших ожиданий, они благородно открещиваются от мнения цитируемых самых настоящих ученых: плацебо не может действовать на животных, которые даже не подозревают о том, что их кто-то чем-то лечит… И нам сообщают удивительный факт: по данным авторов фильма по всей Британии домашний скот лечат гомеопатически! Это не единичные случаи, не заскоки эксцентричных джентльменов от сельского хозяйства… Это, оказывается, рутинная практика. В ветеринарии.

Но мало того, как выясняется (и авторы фильма легко признают этот факт!) и в медицине существуют вполне корректные клинические исследования, где действие гомеопатических препаратов сравнивалось по своей эффективности с действием плацебо. И эти эксперименты проведены вполне в рамках доказательной медицины… И гомеопатия в этих экспериментах, доказательно продемонстрировала свою эффективность. Но, врач конвенциональной медицины Давид Райли, проводивший эти эксперименты столкнулся с полным нежеланием медицинской общественности хоть как-то воспринимать выявленные им факты… Ага, как оказывается принцип «Если факты противоречат общепринятой теории – тем хуже для фактов» - свойственен не только советской науке?

И создатели фильма вытаскивают из кармана тот убойный аргумент, ради повышения эффективности которого они и позволили себе такие непозволительные вольности… А как же! Впервые с экрана вполне доказательно продемонстрировано, что

1. Гомеопатия лечит.
2. Гомеопатия лечит и животных, не только людей.
3. Действие гомеопатии заметно выше действия плацебо.

Ура! Действенность гомеопатии доказана! Не тут-то было… Вот буквальная цитата реакции некоего ученого мужа на все эти факты: «Когда нет научного объяснения действия препарата, мы не принимаем всерьез заявления о том, что он лечит». Сижу, чешу в затылке… Это что же получается? Нитроглицерин применяется в медицине с конца 19-го века (в частности с 1876 года после работ Меррела его стали применять при стенокардии). А научное объяснение его действию появилось только к концу 20-го века, т.е. через сто лет, исследованиями Роберта Ферчготта, Луиса Игнарро и Ферида Мурада, получивших за эти работы нобелевку… И, выходит, совершенно научные врачи, не имея научного объяснения действия нитроглицерина, сто лет совершенно несерьезно лечили им свою пациентуру? Шарлатанили? Или подобные требования предъявляются только гомеопатии, а на своем огороде – чего хочу, то и верчу?

Но это мой затылок. И чешу его – я... А у действительно ученых мужей подобные сомнения в голове зародиться не могут. И что бы убедить ученый мир в том, что гомеопатические лекарства могут работать, нужно сначала доказать, что у воды есть память, что растворы, в которых нет ни единой молекулы исходного вещества – оказывают биологический эффект.

И вот тут начинается то, ради чего был снят весь фильм. Сначала идет рассказ о том, как весьма скептически настроенная к гомеопатии Мадлен Эннис (Madeleine Ennis) — фармаколог и исследователь в Королевском университете, Белфаст, Северная Ирландия приняла деятельное участие в этой истории. Она – ученый. Она привыкла к тому, что наука – это умение задавать Природе вопросы и получать от нее честные ответы. Эннис видоизменила эксперименты Бенвениста, использовав другую модель: воздействие гистамина на лейкоциты. Сами эксперименты она проводила для того, что бы вывести на чистую воду Бенвениста и его единомышленников. Это так, но она по характеру - честный человек и ученый. И для нее важна истина, а не обязательное доказательство лишь собственной правоты. Поэтому Мадлен, для начала, изучила особенности тех явлений, что ей предстояло перепроверить, ознакомилась с техникой экспериментальных работ в этой области. И только после этого начала работу. И результаты ее ошеломили. Она не поверила себе, снова и снова перепроверяла – но результаты упорно воспроизводились: гистамин, разведенный по гомеопатической методике, продолжал оказывать свое воздействие на лейкоциты даже тогда, когда в растворе заведомо не было ни единой его молекулы. Профессор, фармаколог с достаточной известностью не могла допустить мысли о том, что вся наука может ошибаться, а вот она – права. И она договорилась о том, что бы ее эксперименты воспроизвели еще в четырех разных лабораториях разными группами исследователей. В своём отчёте она честно пишет, что «мы не можем объяснить полученные результаты, и публикуем их, чтобы побудить других исследовать данное явление». И работы ее коллег в четырех научных центрах подтвердили ее правоту… Т.е. мы опять имеем мультицентрический эксперимент.

Но идем по фильму, ведь в самом его начала была анонсирована возможность для программы «Горизонт» заработать вожделенный миллион Рэнди, если данные Эннис подтвердятся…

И вот она бомба, ради которой и снимался этот фильм.

При участии того же Рэнди (мы его помним) организуется группа для проверки экспериментов Эннис. И мы имеем уникальную возможность поэтапно проанализировать все действия этой группы, ведь все отражено на экране.

Пока просто раскрыли глаза, оттопырили доверчивые уши и следуем тому, что мы должны увидеть по замыслу авторов фильма.

Сначала профессор химии Мобс из Юниверсити Колледж на наших глазах приготавливает гомеопатический раствор гистамина в серии последовательных разведений вплоть до 5С включительно. Аналогичные манипуляции производятся с простой водой – для контроля.

Далее профессор электротехники Хью Гриффитс шифрует нумерацию пробирок, теперь только ему известно, что содержится в каждой пробирке, где вода, где гомеопатический препарат. Листок с этими данными заворачивается в фольгу и заклеивается в конверт. Слава Богу, в этот раз к потолку его не приклеивают…

Теперь в свои нежные руки дело берет лаборантка Рейчел Пирсон. Ну да, не фармацевт, не провизор. Лаборантка. Именно она доводит в серии последующих разведений содержимое этих пробирок до уровня 18С, т.е. до уровня, когда в содержимом пробирок достоверно нет ни единой молекулы гистамина.

Далее, что бы избежать обмана, профессор Эндерби, являющийся главным координатором этого проекта, собственноручно шифрует каждую пробирку уже своим шифром… Киньте в меня тапком: я так и не понял, обмана с чьей стороны так опасался профессор Эндерби? Или лаборантка Рейчел имела репутацию известной обманщицы? Или эти подозрения касаются кого-то из двух предыдущих профессоров? Что-то какая-то знакомая суета начинается… Или это привычная паранойя?

Ну да Бог с ними… Смотрим дальше. А дальше приготовленные растворы передаются в две независимые лаборатории, где проводится собственно воздействие этих растворов на образцы крови и фиксируется результат. Теперь настал черед статистической обработки полученных результатов и определение конечного результата после идентификации содержимого каждой пробирки.

Каков результат?

Ни какого. Бомба взорвалась, фанфары трубят, Рэнди потирает руки… Диктор с наигранной печалью сообщает нам, что канал Горизонт пролетел мимо миллиона долларов… Ах, как обидно, ведь счастье было так близко…

Но вот концовка фильма: «Ученые непреклонны – гомеопатия лечить не может. Но миллионы людей продолжают верить в ее эффективность»

Ключевое слово – «верить». Не вылечиваться, а именно верить в то, что они вылечиваются.

Теперь пришло время для анализа того, что нам показали. И для сравнения того, что мы должны были увидеть с тем, что мы реально увидели. Нужно ли объяснять, что есть заметная разница между этими двумя действиями «смотреть» и «увидеть»?

Много раз в литературе, посвященной истории с экспериментами Бенвениста рефреном звучит фраза о том, что эти эксперименты многократно воспроизводились в разных лабораториях. И было замечено, что если в экспериментах принимают участие сотрудники из лаборатории Бенвениста, из числа тех, кто принимал участие в его работе, то воспроизводимый эксперимент обычно был удачным. Этот факт преподносится с долей усмешки… Мол, каков Бенвенист, таковы и его сотрудники.

А если подумать? Вот у меня дома лежит очень неплохая индонезийская гитара. И я давно заметил любопытную особенность: в кампании наших друзей она начинает играть только тогда, когда попадает в руки человека, который умеет играть на гитаре… Удивительно, правда? Казалось бы чего там сложного – взял в руки… Прижимай струны пальцами, пальцами второй руки стучи по тем же струнам – и дело в шляпе! Что, я, человек с высшим образованием не смогу заставить звучать простую деревяшку? А не звучит… Оказывается и этому учиться нужно…

А воспроизвести эксперименты Бенвениста или Эннис… Что сложного для химика? Но все мы помним, что наша советская ацетилсалициловая кислота в упор не желала снимать головную боль. В отличие от байеровского, например, аналога. А почему? А потому есть технология. И технологию нужно знать, ей нужно учиться.

Своя технология есть и при приготовлении гомеопатических лекарств. И если вы желаете получить препарат, имеющий свойства гомеопатического – эту технологию нужно выдерживать неукоснительно.

И Эннис, и Бенвенист для начала ознакомились с особенностями этой технологии.

В ней нет ничего запредельно сложного.

Уж простите за дотошность – но это очень важный момент для дальнейшего нашего расследования.

Итак, берем в руки книгу почтенного доктора Вильмара Швабе, «Гомеопатические лекарственные средства. Руководство по описанию и изготовлению.» Пер с нем. М. 1967

Глава: «Приготовление разведений из различных лекарственных средств».

Читаем:

«При приготовлении разведений **нужно точно соблюдать следующие технологические правила.**

А. Разведения жидких веществ

Разведения жидких веществ (растворов, эссенций, тинктур приготовленных по вышеописанным параграфам) проводят в помещении, защищенном от непосредственного воздействия солнечного света.

Применяемые для этого склянки должны иметь объем на 1/2-1/3 больше объема разводимого вещества.

Разведения больших количеств производят нижеуказанным способом, при этом работают с весовыми соотношениями, при разведении малых количеств работают с каплями.

а) Для десятичной шкалы:

Склянки с наименованием и обозначениями разведений от D1 до D30, начиная с D2 наполняются каждая 45° винным спиртом. Первое десятичное разведение приготовляется из эссенций по правилам, указанным в соответствующем §. Каждое разведение приготовляют посредством 10 **сильных взбалтываний сверху вниз**, после чего одна часть только что приготовленного разведения переносится в следующую склянку и т. д.

б) Для сотенной шкалы:

Склянки с наименованием лекарства с С1 до С30, ставят на стол в ряд и в каждую, начиная со второй, с помощью мензурки добавляют 99 частей 45° винного спирта.

Из эссенции, настойки или раствора, по правилам соответствующего § изготавливают 1-е сотенное разведение и помещают в склянку, обозначенную цифрой 2, закупоривают и смешивают путем десятикратного сильного взбалтывания сверху вниз. Из этого 2-го разведения вносят одну часть в склянку с обозначением С3, 10 раз встряхивают и таким образом разведение продолжают во всех склянках, причем каждый раз одну часть предыдущего разведения помещают в последующую склянку, которую встряхивают 10 раз.»

Что бы оценить авторитетность источника, учтем, что в октябре 1934 г. Гомеопатическая фармакопея доктора Швабе стала юридически обязательной основой для производства гомеопатических лекарств во всей Германии, просуществовав в этом качестве вплоть до 1978 г., когда ей на смену пришла «Официальная гомеопатическая фармакопея», в основе которой лежит опять же указанная книжка Швабе.

Итак, если вкратце, каковы главные условия успеха в приготовлении гомеопатического лекарства? Опустим требование Швабе использовать для растворения не воду, а 45% спирт. Вода тоже подойдет. Есть более важные вещи.

1. Каждую порцию после разведения нужно энергично встряхнуть. Не просто встряхнуть, а как записано в старых руководствах, при ударе содержимое пробирки должно вроде как закипеть…

2. Для этого пробирку можно заполнять не более чем на половину или на две трети их объема. Зачем? Любой может провести простой эксперимент: возьмите пробирку, заполните ее водой почти доверху, капните в пробирку вишневого сиропа и закройте пробкой. Теперь попробуйте растрясти пробирку так, что бы сироп равномерно закрасил все содержимое. Пусть хоть окрасит, в таких условиях уже не до вскипания от удара. Попробовали? Не получилось? Правильно. Потому что физику пока никто не отменял. Но достаточно отлить из пробирки хотя бы треть воды – и наш сироп легко и просто окрасит все содержимое. Т.е. это одно из обязательных условий.

3. И еще одно условие, подчеркиваемое Швабе: встряхивание должно быть не по окружности, не из стороны в сторону. Встряхивание должно производиться вверх-вниз.

Заметьте – Швабе перечисляет все это в ряду обязательных условий, соблюдение которых необходимо для того, что бы получаемый препарат стал гомеопатическим.

Теперь возвращаемся к фильму.

Для начала нам показывают работу гомеопатической лаборатории. Внимание! Я буду указывать время, когда нужные кадры появляются на экране в ходе фильма. Первая цифра – минуты, вторая через двоеточие – секунды.

Итак начиная с 4:45 мы видим, как фармацевт в гомеопатической лаборатории добавляет каплю раствора в склянку с уже налитой водой для дальнейшего встряхивания.

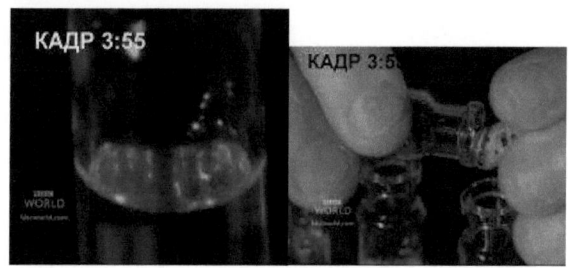

Склянка наполнена на ½ своего объема! Это отчетливо видно.
Далее склянка ставится на шуттер (встряхиватель) и ее содержимое энергично встряхивается.
На этом кадре отчетливо видно, что жидкость от встряхивания буквально «закипает».
А если смотреть этот фрагмент в фильме – не менее отчетливо видно, что встряхивание происходит в направление вверх-вниз.

Все это есть в фильме, все это хорошо видно. Если ВИДЕТЬ, а не просто глазеть.

Теперь вспоминаем описание этого же процесса, которое дает нам в своей статье Водовозов:

«Получается С12 так: из стартового раствора вещества взяли 1 мл и добавили к нему 99 мл воды, затем интенсивно встряхнули. Из полученного раствора взяли 1 мл и добавили к нему 99 мл воды, снова встряхнули. И так в сумме 12 раз.»

Вот и авторы фильма достаточно настойчиво повторяют нам то же самое: разведение и энергичное встряхивание. И все. Больше никаких условий и технологических тонкостей нет.

И теперь внимательно присмотримся к тому, как профессор химии и некая лаборантка готовят «гомеопатический» раствор гистамина.

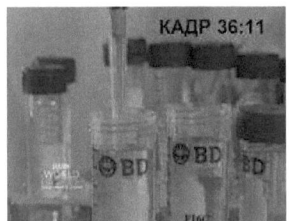

Вот идет процесс разведения – и профессор, и лаборантка доливают нужное количество раствора из одной пробирки в другую. Все, как положено… Только… Что бы удостовериться в том, что глаза нас не обманывают – посмотрим другой кадр:

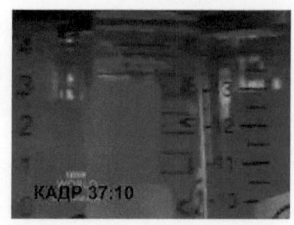

Нет... зрение нас не обмануло: пробирки действительно заполнены доверху. Да какая мелочь... С кем ни бывает? Бывает...

Но смотрим дальше. После каждого разведения пробирка нежно и аккуратно переносится на встряхиватель... И производится энергичное встряхивание... Все как прописано! Но что-то царапает глаз... Приглядимся?

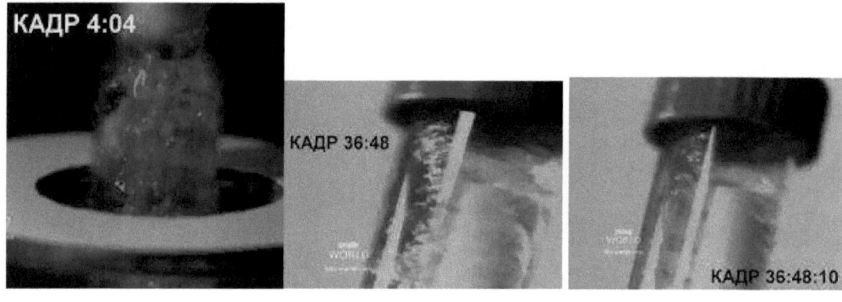

Ну ладно, мы снова видим доверху заполненные пробирки, к этому мы уже привыкли...
Но главное на этих кадрах не это. Не заметили? Для сравнения я поставил кадр, где встряхивание производится на шуттере из гомеопатической

лаборатории. Невооруженным глазом видно, ГДЕ встряхивание производится в направление вверх-вниз… В одной склянке жидкость от встряхивания вскипает. В другом случае – мы видим внутри пробирки слабенький вихрь, закрученный старательно выбранным прибором. А может это мне все кажется? И ведь не лень было сбегать в интернет и поинтересоваться, что же за прибор в лаборатории королевских химиков встряхивает пробирку с готовящимся «гомеопатическим» раствором… Вот аналог этого прибора:

VORTEX Genius 3

Это, как записано в его описании, вихревой орбитальный встряхиватель, максимальная скорость 2500 мин$^{-1}$, диаметр орбиты 4 мм.

Т.е. этот прибор обеспечивает вихревое закручивание жидкости в пробирке… И он изначально не предназначен для встряхивания в направление вверх-вниз.

А что написано в фармакопее?

«При приготовлении разведений **нужно точно соблюдать следующие технологические правила.**»

А что такое фармакопея? Смотрим в Вики: «Государственная фармакопея является документом общегосударственной законодательной силы, его требования обязательны для всех организаций данного государства, занимающихся изготовлением, хранением и применением лекарственных средств, в том числе растительного происхождения.»

Т.е. существуют требования государственной фармакопеи (пусть Германской), которые обязывают соблюдать вполне определенную последовательность вполне определенных действий… Но в фильме мы видим, как лихо и непринужденно королевские химики, в королевских научных учреждениях, на оборудовании, видимо принадлежащем королеве – профанируют, нарушают требования закона в отношение приготовления лекарственного препарата. Нарушают требования фармакопеи…

Теперь вопрос… А что, это качество именно профессора химии Питера Мобса и лаборантки Рейчел? Или эта непунктуальность в исполнение технологических условий вообще свойственна британской науке? Трудно сказать… После известной демонстрации, произведенной ВР в Мексиканском заливе, весь мир узнал о том, как в Британии принято относиться к стандартам технологий. И как легко нарушаются технологические требования, если можно на этом заработать.

А ведь Рэнди так не хочется расставаться со своим миллионом…

Т.е. что мы имеем в реальности? Ведь любой вменяемый человек, для проведения подобного эксперимента, не стал бы городить огород, а просто закупил бы в ближайшей гомеопатической аптеке нужные растворы того же гистамина… И не морочил бы публике голову.

Но ведь задачей наших экспериментаторов является не поиск истины. Нужно, обязательно нужно доказать, что эксперимент Эннис – это фальшивка. А сама Эннис – либо шарлатанка, либо неумеха. И ведь не так много потребуется сделать, что бы результат был именно таков… Правильно! Помните этот фрагмент из всенародно обожаемой книги Ильфа и Петрова «12 стульев»: слесарь-интеллигент Виктор Михайлович Полесов построил «стационарный двигатель, который был очень похож на настоящий двигатель, но не работал».

В этом и есть изюмина «эксперимента», воспроизведенного на наших глазах – он выглядит, как настоящий… но – не работает. На настоящий момент мы обнаружили всего два явных отступления от технологии… Потому как что там было намешано в пробирках – Бог весть… нам остается верить честному слову настоящих королевских экспериментаторов, а легкость, с которой они отступают от воспроизводимой технологии мы уже видели. Как и удивительное пренебрежение к законам (а Фармакопея – это закон!) – оказывается это свойственно не только россиянам…

Итак… что мы имеем в конечном итоге по окончании просмотра этого фильма?

1. Мы видим, как подло и нагло уничтожали честное имя талантливого французского ученого.
2. Мы видим, что, согласно материалам фильма, гомеопатия оказывает явное клиническое воздействие на пациентов, заметно отличное от воздействия плацебо.
3. Мы видим, что гомеопатия воздействует на животных и что это рутинная, привычная практика для британских ветеринаров. И, следовательно, действие гомеопатии не может быть объяснено действием плацебо. Замечу – это выводы авторов фильма, за язык их никто не тянул!
4. И, наконец, мы видим старательно задокументированное на пленке удивительно халатное, непрофессиональное отношение

королевской профессуры к технологии воспроизводимого эксперимента. Еще раз повторю – если нам показан реальный уровень экспериментальной подготовки ученых соединенного королевства... то лучше бы старой доброй Англии быть вообще без науки. Чем доверять науку в руки подобных «экспериментаторов». А то ведь... наука дело такое. Сегодня не в ту пробирку и не столько налил.. Завтра не ту ручку повернул... А послезавтра все человечество мучительно вспоминает: а была ли она, эта Англия на карте Земли?

5. Ну и последнее... Насколько я в курсе, миллион Рэнди не смог бы окупить даже половины расходов, необходимых для съемки подобного по объему фильма. Но ведь кто-то же заплатил каналу Горизонт необходимые суммы? Ведь фильм-то – снят. Значит, деньги кто-то дал... Так что тот факт, что канал Горизонт не получил оного миллиона лично во мне сочувствия не находит. Свои тридцать сребреников ребята явно получили сполна.

Ну и как эпилог ко всей этой истории приведу слова, принадлежащие Брайану Джозефсону (Нобелевская премия по физике, 1973 год): «Группа Бенвениста брала активные биологические материалы, например антикоагулянты, сильно разводила их водой, как это делалось в гомеопатической медицине, и изучала на предмет биологической активности. К удивлению самого Бенвениста, настроенного скептически, он обнаружил, что сильно разбавленные растворы обладали биологической активностью. Результат опубликовал журнал Nature. Редакция сказала, что напечатает его при условии, что после проведет собственные испытания для проверки результата, хотя обычно, если издание сомневается, проверка происходит до публикации. По слухам, редактор Джон Мэддокс захотел дискредитировать гомеопатию. А этого бы не получилось, если бы результаты эксперимента не

получили огласку. В рамках рецензирования настояли, чтобы другие лаборатории тоже провели эксперимент, что и было сделано. Эти лаборатории подтвердили результат Бенвениста. Затем Nature провел собственное исследование, но в нем почему-то участвовали совершенно неквалифицированные люди. Однако Мэддокс счел это достаточным, чтобы написать статью о том, что результаты Бенвениста – иллюзия. А поскольку это была редакционная статья, то ее напечатали без рецензирования. В противном случае рецензент ее бы сильно раскритиковал. Тем не менее после публикации все издательства согласились как с фактом: у воды нет памяти.»
http://www.nvspb.ru/stories/fenomen-patologicheskogo-neveriya-49940

Вот так усилиями нечистых на руку и на совесть деятелей была перечеркнута эта драматическая страница истории нашей науки. Надеюсь – временно. Как видите, в своих выводах нобелевский лауреат пусть кратко, но говорит о том же самом, о чем пишу и я.
И вот теперь очень важный вывод: все приведенное выше дает нам право понять главное: опровергать данные о гомеопатии можно только с помощью ЛЖИ. В той или иной ее форме.

И в том, что это так – мы сейчас будет снова и снова убеждаться.

Вернемся к статье Водовозова.

«Возьмем пример с лондонской холерой. Классическая медицина тогда не умела обращаться с этим заболеванием, и потому больных лечили кровопусканиями, мышьяком, ртутью и прочими жуткими препаратами и методиками, от которых многие умирали раньше, чем от холеры. А в гомеопатическом госпитале не делали этого, давали простую воду - ой, простите,

гомеопатические препараты. В результате выживало гораздо больше народу.»

Я искренне благодарен г-ну Водовозову за этот пример… выше я уже писал о том, что если некто начинает ругать гомеопатию, он обязательно и незамедлительно начинает врать… И господин Водовозов любезно предоставляет нам образчики такой лжи…

Понятное дело, что для нынешнего читателя холера – это нечто, что было где-то давно и далеко. Например, вы видели больного холерой? Можете не отвечать, и так понятно. Вот и клиника этого заболевания – ее известность осталась в тех далеких временах. Но давайте вчитаемся в то, что написал г-н Водовозов. Из его слов следует, что холера – это такое небольшое недомогание, главная опасность которого была в том, что бы попасть в медицинский госпиталь, т.е. если хочешь остаться живым – нужно вовремя смыться из загребущих лап тогдашних совершенно научных врачей… Если не убежишь – они тебя обязательно уморят. Вот в чем был секрет высокой смертности при холере – врачи своим подлинно научным невежеством массами убивали пациентов. Причем, следуя логике Водовозова – пациенты 19 века были удивительно тупыми и не понимали, что опасность заключается не в заболевании, не в холере, а в том, как эту холеру лечат в совершенно научных, самых передовых госпиталях и больницах. Идиоты-пациенты (потому что жили в позапрошлом веке) почему-то боялись холеры! А не врачей… А вот гомеопаты, которые лечили простой водой… вот они своих пациентов не убивали. Так как просто вода убить не может. Именно потому, по мнению водовозовых, и смертность в гомеопатических госпиталях была мизерной…

Что интересно… Если господин Водовозов – выпускник ВМА имени Кирова, демонстрирует нам уровень знаний клиники особоопасных инфекций такого уровня… То быть может не зря был поднят весь этот переполох по поводу переезда ВМА в Москву… Да не может быть…

С другой стороны – вот читаю водовозовскую статью в инете… И ни в комментариях, ни в отзывах, ни вообще где-нибудь в я не встретил ни одного протеста врачей-клиницистов по поводу такого описания г-ном Водовозовым истории холерных эпидемий, которые поставили Европу на грань исчезновения в 19-м веке. Наоборот, врачи, читавшие этот опус – оставили весьма хвалебные отклики. Иными словами, с одной стороны, мы видим убежденность в том, что уровень интеллекта зависит от того, в каком веке живет человек. И наши предки, жившие в 19 веке (мне нужно перечислить имена того же Толстого, Достоевского, Пушкина?) – они все хором были настолько глупы, что заболев холерой гужом тащились в аллопатические госпиталя – для дальнейшего умерщвления по самым последним веяниям науки своего времени? А с другой стороны – тотальное клиническое невежество тех врачей, что читали этот опус – И НЕ ВОЗМУТИЛИСЬ при этом… Приравнять холеру к легкому насморку… И страшная мысль - а вдруг все так и было?

Бегом… Бегом берем энциклопедию…. Ф-ф-у-у-у… Отпустило. Согласно Брокгаузу и Ефрону смертность при холере составляла от 50 до 70%. Это если не лечиться. Т.е. это смертельно опасное заболевание. И люди таки умирали от холеры – в первую очередь. И что бы ни писали водовозовы – смертность даже в аллопатических госпиталях была таки меньше, чем смертность от не леченной холеры. Кого-то же таки врачи аллопаты спасали, не нужно так высокомерно плевать в лицо врачам только за то, что они жили в позапрошлом веке.

А вот в гомеопатических госпиталях, где, согласно Водовозову лечили простой водичкой – картина была другой.

Вот что пишет доктор Томас Л. Брэдфорд (Thomas L. Bradford), в своей книге «Логика цифр», опубликованной еще в 1900 году,

После прекращения эпидемии азиатской холеры 1854 года в Великобритании правительство дало указания Общему отделу здравоохранения провести сбор статистических данных об эффективности разнообразных методов, используемых при лечении холеры. Соответственно был образован медицинский совет, состоявший из виднейших врачей
королевства во главе с д-ром Парисом (Paris), президентом Королевской коллегии врачей, в качестве председателя.

Когда этот доклад был подан в Палату общин, то было замечено, что в нем полностью отсутствуют сведения о гомеопатическом лечении, и Палата запросила эти данные,
что были старательно проигнорированы медицинским советом. Д-р Маклафлин (McLaughlin), видный деятель медицинского сообщества и Правительственный инспектор холерных больниц, представил недостающий отчет, в котором фигурировала средняя смертность всего лишь в 16,4% при гомеопатическом лечении, в то время как результатом обычного лечения была смертность в 59,2%.

А почему так случилось? А все просто… Вот выписка из резолюции медицинского совета: «Получив разрешение на ведение гомеопатической практики, врачи-гомеопаты не только скомпрометировали бы ценность и полезность врачебной науки, что явствует из их манипуляций над хорошо известными лекарствами, но и получили бы неоправданную поддержку своей эмпирической практике, которая препятствует утверждению истины и научному прогрессу».

Вот так – мало показать эффективность в разы большую, чем научная медицина… Нужно суметь не дать научной медицине замолчать результаты того, что ты делаешь… Потому что интересы пациентов для настоящего научного врача – дело десятое. Подумаешь, в результате моего лечения умерло в три раза больше больных, чем у этого подозрительного гомеопата… Главное то, что они умерли не зря! Они способствовали развитию медицинского научного прогресса.

Да может ли быть такое? А… А мы не забыли, когда именно было образована Американская медицинская ассоциация? А с какой целью она была основана? Спасибо господину Водовозову – он просветил нас по этому поводу… А что это было за время в США? С 1831- по 1836 на территории этой страны было НЕСКОЛЬКО эпидемий холеры, унесшей сотни тысяч жизней… Так чего же аллопаты так встревожились? Тут люди массово умирают, а у них нет дела важнее, чем организоваться в борьбе с гомеопатами…

А как же быть-то еще… Ведь именно эпидемии холера показали удивительную эффективность гомеопатии… А разве подлинно научный врач способен простить другому врачу, не такому научному, то, что этот ненаучный – вылечивает там, где маститому и разрекламированному коллеге можно только скорбно развести руками?

И ведь что, подобная эффективность гомеопатов была только в ту эпидемию холеры 1854 года и только в Англии?

Доктор Вилд, хирург-аллопат («Дублинский ежеквартальный медицинский журнал»), в статье «Австрия: литература, наука и медицинская помощь» писал следующее: «Сравнивая доклады о результатах лечения холеры в Гомеопатическом госпитале и других венских больницах, можно сделать вывод о том, что две трети больных, лечившихся гомеопатически, выздоровели, в то время как две трети пациентов, лечившихся в других больницах, умерли.

Эти поразительные факты вынудили графа Коловрата, министра внутренних дел, отменить закон, запрещавший гомеопатическую практику»

Аналогично дело обстояло в Германии, в России, в Италии, в Моравии. В целом по Европе и Америке, согласно данным Брэдфорда, совокупные статистические данные по результатам ортодоксального, научного лечения холеры показывают смертность больше 40 процентов, в то время как статистические данные по гомеопатическому лечению показывают смертность меньше 9 процентов.

И что, вот так просто взять и признать эти данные? Ведь такое признание неизбежно приведет к дискредитации единственно правильной и совершенно научной медицины? Да кто же такое позволит? Правильно! Нужно просто проигнорировать наличие такой неприятной диспропорции в эффективности сравниваемых методов… Как поступали некоторые современники тех событий… И фальсифицировать статистику даже для собственного правительства.

А можно незамысловато использовать невежество публики в данном вопросе – как это делают водовозовы… оказывается это не гомеопаты успешно лечили холеру… Нет, это холера сама по себе была легоньким и вовсе не страшным заболеванием, а пациенты умирали только и исключительно по вине жутких методов, в то время используемых научной медициной…

Т.е. – соври хоть что-нибудь… Но только не признай эффективность гомеопатии.

Но смотрим дальше статью Водовозова…

Читаем:

«Кроме того, за 12 минут, отводимых на первичный прием пациента, практически невозможно толком ничего о нем разузнать, как следует простукать, прощупать и прослушать. А доводилось ли вам когда-нибудь видеть огромные очереди в гомеопатических клиниках или слышать словосочетание «участковый гомеопат»? Нет. Гомеопаты работают в частном секторе, поэтому могут позволить себе два часа собирать анамнез и опрашивать больного. Они банально владеют бо́льшим объемом информации о пациенте, чем их муниципально-поликлинические братья во халате. Поэтому процент диагностических ошибок - в абсолютных цифрах - у гомеопатов будет меньше. А вот если попробовать сыграть в игру и поменяться местами, не уверен, что «альтернативные» врачи будут выглядеть столь же блестяще.»

Ну да… Когда есть такая возможность гомеопат свой прием в среднем ведет от полутора до двух часов. Мало того, открою секрет: это только видимая часть его работы. Достаточно часто гомеопат отпускает пациента на несколько дней… И просит прийти снова, на новый прием. А сам долгими часами дома или на работе вновь и вновь анализирует историю пациента, особенности его клиники. Что бы найти единственно верное решение.

И киньте в гомеопата за это камнем: что в этом плохого?

Но… А давайте и мы займемся арифметикой? А почем нет? Был на Украине в советские времена замечательный гомеопат – Попов Демьян Владимирович… После его смерти при участии работников МЗ Украины были проанализированы истории болезней его пациентов. И выяснилось, что всего за время своей практики он принял порядка миллиона пациентов. Ну пусть будет 900 000. Ну пусть на пациента он тратит не два часа, как утверждает Водовозов, а только час… пусть он работал по 10 часов ежедневно без выходных и проходных 365 дней в году… Даже в этом случае ему понадобилось бы 253 года для того, что бы работать по Водовозову… И как это совместить с тем, что он работал гомеопатом только 60 лет? И умер в возрасте 91 года?

Что-то как-то не клеется одно с другим... Снова высосанные из пальца фантазии господина Водовозова разбиваются о суровую правду жизни?

А как вообще могут работать гомеопаты в экстремальных условиях? В реальности, а не в журналистских фантазиях?

Вот интервью одного из ведущих гомеопатов планеты, нашего современника Дэвида Литтла (Hpathy Ezine, сентябрь 2005 г., оригинал по адресу http://hpathy.com/homeopathic-interviews/david-little-interview-1-1/, Перевод: http://www.homeoint.ru/homeopathy/essence/little_interview.htm) «*Литл:* Я решил поездить по стране и посмотреть, как индийские гомеопаты справляются с таким потоком пациентов и лечат различные острые и хронические болезни. В то время я учился у д-ра Айзека. Он был ректором гомеопатического колледжа и главврачом больницы в штате Керала в Южной Индии. Я был в восторге от того, что увидел гомеопатическую больницу и амбулаторию в деле. Я знал, что в США тоже были гомеопатические больницы, но к тому времени, когда я родился, они уже все были закрыты. Во время моих первых дней пребывания в амбулатории у д-ра Айзека я испытал так называемый культурный шок, увидев, как он и его студенты принимают порядка ста пациентов в день, и после этого еще занимаются больничными делами.

Интервьер: Я думаю, нашим читателям будет интересно узнать, что вы имеете в виду под культурным шоком.

Литл: Д-р Айзек сидел за своим столом без репертория и Материи медики, перед ним находилась длинная очередь пациентов. Несколько стульев стояли подле его стола. Он быстро осматривал пациентов в очереди, выписывал им лекарства и говорил "следующий". Иногда он подзывал пациента, усаживал его рядом с собой, чтобы опросить подробнее, в то же время продолжал осматривать тех, кто находился в очереди. Несомненно, это были случаи, когда он хотел посмотреть пациента поближе. Изредка он открывал ящик стола и доставал старый репреторий Кента и просматривал несколько рубрик. Затем он выписывал рецепт и отпускал пациента.

Так перед ним проходила длинная очередь пациентов, и 2-3 человека сидело вокруг его стола. Время от времени он просил медсестер отправить определенного пациента в стационар. Таким образом он мог осматривать несколько пациентов одновременно. Глядя на толпу людей, страдающих от болезней и нуждающихся в помощи, я удивлялся, как один человек может эффективно лечить столько больных. Я привык вести первый прием с пациентом в течение одного или полутора часов, а теперь мне надо было настраивать себя на то, чтобы вести прием в течение нескольких минут!»

Я не оправдываю систему, которая ставит врачей в невыносимые условия, когда на все про все врачу дается 12 минут... Это, мягко говоря, неправильно. Но обвинять гомеопатов в том, что они могут позволить себе двух часовой прием... Это, как минимум - не корректно. Тем более, что как показывает жизнь, подготовленный гомеопат способен вести эффективный прием пациентов со скорость, которая и не снилась участковым терапевтам... Т.е. если поменять местами гомеопата с аллопатом... НИЧЕГО НЕ ИЗМЕНИТСЯ. Гомеопат будет вылечивать. А его коллега-аллопат – помогать и улучшать качество жизни. И вот это как раз то, чего никогда не могли и не могут простить гомеопатам!

Идем дальше.

Снова цитируем Водовозова: «*Гомеопаты очень тщательно подбирают пациентов. Пневмонии, лакунарные ангины, гнойные отиты, менингиты - со всем этим вменяемый гомеопат связываться не будет. По этой же причине никогда не приходилось слышать, что какой-то больной после тяжелой гомеопатической операции умер потом в гомеопатической реанимации. Поэтому на гомеопатах никогда не будет ярлыка «врача-убийцы», он справляется со всем, за что берется. Просто потому, что у него есть выбор, какого нет у врача «скорой», например»*

И снова пальцем в небо… Вот только за прошлые пару недель у меня прошло двое пациентов с острой пневмонией, с гнойными тонзиллитами, причем один случай был осложнен паратонзиллярным инфильтратом, три случая хронического гнойного отита, один из них – с хроническим мастоидитом. И это все несложно и рутинно, Куда сложнее и дольше придется работать с пациентами с хроническим остеомиелитом, с ревматоидным полиартритом… И пожалуй самые драматичные случаи – это младенцы с атопическим дерматитом. Ты врач частной практики. Если ты начнешь кому-то отказывать – ты очень быстро останешься без пациентов. Нужно быть очень далеким от врачевания, от врачебной практики, чтобы написать то, что написал Водовозов… Ну отнесем именно вот это, написанное им – за счет его небогатого клинического опыта и врожденной наивности.

Кстати, в тему, вот еще фрагмент из того же интервью Литтла: *(В Индии)« …мне приходилось лечить самые опасные острые заболевания и множество хронических дегенеративных болезней, которые я и не видывал раньше. Тогда я в первый раз лечил брюшной тиф, малярию и туберкулез, и другие угрожающие жизни болезни.»*

Кто-то может поверить в то, что Литл специально отбирал для лечения пациентов с малярией, туберкулезом, брюшным тифом? Или это все, по мнению Водовозова такие же милые и нестрашные недомогания, какой ему представилась холера?

Продолжение следует

Как хранить и принимать ГЛС(гомеопатическое лекарственное средство).

Соблюдение этих простых правил необходимо для эффективного лечения ГЛС

Приём ГЛС осуществляется в перерывах между едой. За час до или после еды. Лучше с утра натощак или на ночь. Напитки, кроме воды, в этом интервале также не допустимы.

Нельзя касаться горошин руками, лучше их высыпать на пластиковую/стеклянную крышку/ложку.

Горошины ГЛС рассасываются под языком. Глотать или грызть их не желательно. В случае приёма ГЛС в растворе, глоток раствора нужно подержать во рту некоторое время.

Раствор ГЛС готовят в чистой пластиковой/стеклянной посуде. Горошины должны раствориться в нем самостоятельно в указанном объёме бутилированной/кипячёной воды (100-200мл). И потом, следуя указаниям вашего доктора, раствор перед приёмом необходимо встряхнуть вертикально, если он в бутылке или перемешать пластиковой ложкой, указанное количество раз.

Хранение приготовленного раствора ГЛС допустимо в холодильнике 3-5суток.

При хранении ГЛС в плотно закрытых контейнерах, в темноте, вдали от источников тепла, электромагнитного и других видов излучения их срок хранения не ограничен. Несмотря на аптечную маркировку (срок годности 2-3года), при надлежащем хранении они вечны.)

Головная боль и кофемания
Не буду Вам рассказывать о чудесных излечениях гомеопатией самых сложных заболеваний, описанных в литературе, великими гомеопатами прошлого и теперешнего.
Это - мой блог и тут только мои пациенты.
Это будут показательные случаи, запомнившиеся мне и показавшие хорошую динамику.

Итак, совсем недавний случай.

Пациентка - женщина 36лет в сложной жизненной ситуации, сама воспитывающая несадиковского ребенка, т.е. работать может только дома, что существенно ограничивает ее возможности заработать. Ребенок - атопик, живут в съемной квартире, несчастливая любовь, потеря первого ребенка на сроке беременности 38нед.
В общем ситуация еще та, соответственно, пациентка пришла в депрессии, с мыслями о суициде, с жалобами на плохой сон, с кошмарными сновидениями, ежедневными головными болями, периодическими астматическими приступами, отеками ног, проблемами по гинекологии, проблемной кожей,

сильными болями в спине, которые ее ежедневно будили ночью, сонливостью днем, кофеманка.

Назначен курс лечения.

Курс лечения был вынужденно прерван, т.к. возникли проблемы требующие вмешательства стоматолога и было назначено дополнительное лечение по острой ситуации, после которой курс лечения был продолжен.

Первый отчет я получила через неделю.

Ушли мысли о суициде, немного выровнялось психологическое состояние, изменился характер головных болей в остальном без существенных изменений.

Второй отчет через 5 недель.

Психологическое состояние улучшилось, стала быстрее отходить и забывать мелкие неприятности.

Неприятные сны прекратились, однако иногда все еще просыпается ночью, но уже быстро засыпает.

Не заметила, как головные боли ушли совсем.

Боли в спине уменьшились, ночью не будят. Возникают к вечеру после тяжелого дня.

Проблемы в гинекологии и с кожей пока остаются.

Когда закончился кофе, и не купив новый, обнаружила, что перестала его пить совсем, да и не хочется!

Случай пока не закончен. Так что продолжение следует...

Как правильно болеть? Или так ли страшно ОРЗ?

Вот и незаметно пролетело лето ...

Я бы даже сказала, что и большая часть осени тоже прошла. Пришла пора ОРЗ, ОРВИ, кашля, обострения тонзиллитов и других хронических заболеваний. Врачи-аллопаты любят говорить про авитаминозы и назначать комплексные витаминные комплексы. Сегодня не будем говорить о фармвитаминах, скажу лишь, что их необоснованный прием, особенно поливитаминных комплексов, связывают с риском возникновения аллергий и др.

Но все же осенью чаще болеем и мы, и наши дети. Казалось бы, летом, да и еще и в начале осени полно фруктов и овощей богатых естественными витаминами, однако, несмотря на это мы видим, что нас окружают кашляющие и чихающие коллеги и близкие. Да, именно так наш организм реагирует на окончание отпуска, начало рабочего года, сокращение светового дня, похолодание, сырость, стресс, обмен микрофлорой в коллективе и в транспорте, возврат к фаст-фудам и т.д.

В период осень-зима часты маленькие пациенты с постоянными ринитами, кашлями и ангинами. Причем, если ребенок за сезон-два ни разу не болел остро, с высокой температурой родители думаю, вот хорошо, пронесло. И невдомек, что лучше бы ребенок раз перенес острое заболевание, обеспечив заряд для иммунной системы на весь сезон, чем вялотекущие постоянные сопли, кашель, больное горло. Ни один из рекламируемых, в том числе и для профилактики ОРЗ, фармпрепаратов не даст Вам такой заманчивой, но нереальной защиты. Естественно, мы не говорим о вакцинации, т.к. соотношение вред/польза при такой вакцинации, лично меня, не прельщает.

А что же может гомеопатия? О профилактическом назначении гомеопатических препаратов идет много дискуссий. Но все же, главный принцип гомеопатического лечения, говорящий о подобии назначаемого ГЛС (гомеопатическое лекарственное средство), не дает возможности нам назначать гомеопатию профилактически. Разве что, когда речь идет об эпидемии заболевания, с уже заранее известной типичной клиникой, и то даже там будет присутствовать несколько типажей клинической картины, соответственно несколько и ГЛС.

Однако, при правильном гомеопатическом лечении основного заболевания, происходит укрепление конституции человека, что проявляется и укреплением его иммунитета в том числе. Только недавно одна моя пациентка с двумя детками, которые прошли у меня уже два курса лечения с радостью (не даром прошли мои лекции о пользе острых заболеваний))) сообщила, что старшая дочь проболела с температурой 39^{0}C два дня без какого либо врачебного вмешательства (и моего в том числе) и теперь здорова и снова скачет, как маленькая пони без каких либо остаточных явлений. Это при том что уже почти 3 года она ни разу не болела с температурой выше 37,5^{0}C и имела постоянные жалобы!

Так что, когда мои пациенты говорят, что они выздоровели сами, без чей-либо помощи, я понимаю – моя цель достигнута.

И помните, ГЛС не лечит Вас, а заставляет Ваш организм излечиться самостоятельно, по оптимальному пути наименьшего сопротивления для каждого конкретного организма.

Всегда Ваша, Марина Шарова

i want morebooks!

Покупайте Ваши книги быстро и без посредников он-лайн – в одном из самых быстрорастущих книжных он-лайн магазинов! окружающей среде благодаря технологии Печати-на-Заказ.

Покупайте Ваши книги на
www.more-books.ru

Buy your books fast and straightforward online - at one of world's fastest growing online book stores! Environmentally sound due to Print-on-Demand technologies.

Buy your books online at
www.get-morebooks.com

VDM Verlagsservicegesellschaft mbH
Heinrich-Böcking-Str. 6-8   Telefon: +49 681 3720 174   info@vdm-vsg.de
D - 66121 Saarbrücken   Telefax: +49 681 3720 1749   www.vdm-vsg.de

Printed by Books on Demand GmbH, Norderstedt / Germany